和華

第 37 号

特 集　中国の絶景

002　中国の絶景

004　世界を魅了する　仙境の地・張家界

014　**第一部　写真で巡る中国の絶景 77**

中国全土の絶景を写真で巡りながら、最新の観光情報を紹介

058　**第二部　観光のプロフェッショナルに聞く**

060　アフターコロナでは観光を通して日中民間交流を促進
INTERVIEW　/　欧陽 安 氏　/　中国駐東京観光代表処　首席代表

064　友好のバトンを受け継ぎ、日本と中国を結ぶ空の架け橋へ
INTERVIEW　/　朱 金諾 氏　/　全日本空輸株式会社中国室　常任理事

068　半世紀以上にわたり築いてきた藤田観光と中国の交流史
INTERVIEW　/　藤田 基彦 氏　/　元藤田観光（株）　西日本営業本部長兼中国担当本部長

072　春秋航空が結ぶ日中の空中回廊、アフターコロナの新時代に向けた展望
INTERVIEW　/　楊 洋 氏　/　北京春秋国際旅行社　総経理

075　コロナ禍においても業界を牽引するイノベーションとは
INTERVIEW　/　王 文忠 氏　/　愛智思北京新日国際旅行社　総経理

078　日中間の修学旅行を通して、青少年の国際交流と友好を深める
INTERVIEW　/　張 信 氏　/　北京大潮研学国際旅行社有限公司　創業者

080　日本人に伝えたい " イマドキ " 中国旅行の魅力とは
INTERVIEW　/　楊 小渓 氏　/　株式会社妙妙　代表取締役

084　訪中日本人観光客を増やすための秘訣　旅人のお守り本作成に携ってきた想い
INTERVIEW　/　高島 正人 氏　/　元『地球の歩き方』　プロデューサー

088　**72 日間のバックパッカー　中国一周旅行記**
INTERVIEW　/　小橋 智大 氏　/　福建省　日本語教師

和華の輪

094　通算 25 年中国駐在の外交官・瀬野清水氏が語る
　　　「年五十而有四十九年非」
　　　日中国交正常化 50 周年事業を振り返って

098　日中友好青年大使から見た中国
　　　懐かしの思い出 日中友好作文コンクール訪中団の記録

100　元 NHK 名プロデューサー加藤和郎のしらべもの
　　　渋沢栄一の『論語と算盤』　論語と日本人〈後編〉

102　中国万華鏡
　　　「三国志」古戦場をめぐる

JN023595

文／『和華』編集部　写真／CTP

湖南省の湘江

中国の絶景

　旅への憧れは誰しも持つものかもしれない。自由気ままな個人旅行であれ綿密に計画された団体旅行であれ、2020年から新型コロナウイルス感染拡大によってあらゆる旅行がストップしてしまった。個人的な願望はまだ一時的にあきらめればよいが、観光や旅行をなりわいとする業界は大きな打撃を受け、多くの企業が廃業、倒産の憂き目にあった。

　国を跨ぐ移動に大きな制限がかかる中、各国ではVRやオンラインのライブ配信を利用した観光地紹介や、業務にZOOMなどのオンライン会議システムを使うなど、ネットを駆使したイノベーションを模索しながら、企業が艱難辛苦（かんなんしんく）を乗り越え生き残りをはかっている。

　2023年に入り、コロナが落ち着くに伴い、一部制限を設けての旅行やビジネス渡航が解禁されつつある。日中間も、今後正常な渡航が復活していくことが予想される。久しぶりに訪れる中国は、どのように変わっているだろうか？

　今号では、まずリニューアルされた伝統的観光地やモダンな建築が目を引く新たなスポットやまだ見ぬ秘境など、中国の新しい魅力をご紹介する。特に、映画『アバター』で世界中に知られることになった湖南省の張家界市（ちょうかかい）には、険しい峰が連なるカルスト地形の奇観や、世界遺産に登録されている広大で美しい武陵源自然景区の絶景など、数多くの魅力が詰まっており、編集部イチオシの観光スポットである。

　続いて、日中両国の観光・旅行に携わる関係者へのインタビューを通して中国への旅の魅力や、新しく訪れてほしい観光スポット、コロナ禍を生き抜くためのイノベーションや今後の展望を探っていく。

世界を魅了する 仙境の地・張家界

文・写真/張家界市文化観光広電体育局

張家界 ZHANGJIAJIE

張家界は中国山水の典型として、詩や絵画に描かれてきた。その面積は 9,533 ㎢。澧水（ほうすい）がうねうねと続く中、45 の民族が水辺に沿って移動し、山の中で生活をしている。張家界という絵巻は桃源郷を創り出し、現代の観光資源となる絶景を描き出した。中国初となる世界自然遺産・世界地質公園・国家森林公園・5A 級旅游景区、そして国際地形学会から命名された「張家界地形」、さらに中国文明風景旅游区など、ここ「張家界」には数多くの勲章がある。

3000 の奇峰と 800 の渓流、この壮麗な景観はまるで神が作ったかのような構図を生み出している。武陵源は青い山と険しい奇岩に囲まれ、天門山は高く聳え、天門洞がぽっかりとあいている。茅岩河は勢いよく流れ、大峡谷は心地よい風が吹き込み、空のかなたを渡るよう。小さく静かな古い村や町、のどかな農村に心落ち着かせる。また 300 余りの観光名所があり、31 の国家 A 級旅遊景区がある。その中で 5A 級旅遊景区が 2 ヶ所並びたち、4A 級旅遊景区が 13 ヶ所くまなく分布している。

赤旗が風に翻り、選りすぐりの文化が集まる張家界は、絢爛で壮麗な色彩を放つ。漢民族、トゥチャ族、ペー族、ミャオ族などの民族が広く居住し、10 カテゴリー 818 件の無形文化遺産が保存されている。桑植県（そうじゅけん）の民謡や桑植仗鼓舞、張家界陽劇など国家レベルの無形文化遺産が輝き、毎年元宵節に行われるランタンフェスティバルでは 30 万人余りの人々が大いに盛り上がる。「魅力湘西」や「天門狐仙」といったショーや観光地を手がけた会社は国家文化産業モデル基地に指定されている。張家界市内にある 4 つの区、県はすべて革命根拠地であり、桑植県は賀竜元帥の故郷である。

山々に囲まれたこの土地で気ままに楽しめること、それが人々の琴線に触れる。広がる渓谷が人々のさすらう魂を癒し、流れる雲とほとばしる滝には自然の神秘が潜んでいる。大自然の懐に抱かれのびのびとできるこの地で、キャンピングカーやキャンプなど野外での宿泊体験をしたり、青春を爆発させてモーターボートで地の果てまで行ってみたり、ヴィア・フェラータ（ロッククライミングの一種）やバンジージャンプで

能力を解き放ったり、氷と雪の世界で季節の制約を打ち破ったり。数えきれない驚きが他にはない感動をもたらしてくれる。

飛行機、高速鉄道、高速道路など交通インフラの発展が、世界と張家界の距離を縮めた。市内には 2000 軒近いホテル、民宿があり、美食と自然が生み出す特産品があなたが待っている。

張家界峰林
ZHANGJIAJIE MOUNTAIN

武陵源景区
WULINGYUAN SCENIC SPOT

袁家界
YUANJIAJIE

浮遊する SF 世界
Suspending alien world

▲ 百龍エレベーター
Bailong ladder

天子山
TIANZI MOUNTAIN

山の頂上に張家界有り、雲上に天子山有り
Peaks from Zhangjiajie,
Tianzi mountain in the clouds

ウィングスーツフライング Wing-suit flying

2006 年 3 月 19 日、天門洞上空を飛行するロシア空軍の軍用機
On march 19, 2006, fighter aircraft of Russian air force
flew through Tianmen cave

天門山景区

天門山は自然奇観である天門洞にちなんで名づけられた。天門洞は千メートルの絶壁に門のようにあいた穴で、雲を飲み込み霧を吐き出し、天地の精気を吸い込むと言われている。幽谷の出現や一角獣などの伝説が、天門山の神秘性をさらに高めている。ここは自然と人間文化が絡み合い、歴史と現代がぶつかり合う場所だ。ロープウェーで峰や谷を越え、ガラスの桟道で雲を踏むスリルを味わい、天門山寺で仏教の洗礼を受ける。山頂からの眺めは四季折々で異なり、春には花を愛で、夏には夕日を眺め、秋には霜葉に酔い、冬には雪とたわむれるなど楽しみは尽きない。

1999年、飛行機が天門洞を通り抜けたことで、天門山は一躍有名になった。それ以来、ますます多くの大型極限スポーツやチャレンジ系イベントがこの地で開催されるようになり、天門山は「極限スポーツの聖地」とまで呼ばれるようになった。

▲ 天門山ロープウェイ
Tianmen mountain ropeway

▲ ガラスの桟道
Glass cliff path

大峡谷景区
GREAT CANYON SCENIC SPOT

　張家界大峡谷は全長 7.5 km、垂直の高さは 400 m 余り、両側には断崖がそそり立ち、古い松が斜めにせり出し、木立と泉が密集し滝がほとばしる、とりわけ自然の風景に恵まれた場所だ。澄み切った湖面は一年中薄い霧に覆われ、まるで楽園に入り込んだ気分だ。世界で初めて大峡谷に架けられたガラス橋は、まるで雲の中にぶら下がっているようで、現在、世界一高いガラスの吊り橋として、『ギネス世界記録』2019 年版の年鑑に選ばれ、10 項目の世界一を持っている。ここではバンジージャンプ、ジップライン、ステージパフォーマンスなど様々なプログラムがあり、数多くの国内外の観光客を引き寄せている。

茅岩河景区
MAOYAN RIVER SCENIC SPOT

　茅岩河は澧水の上流に位置し、全長 50 km 余り、危険な早瀬や急流がいくつもある。岩の隙間から流れ落ちる滝が無数の玉を砕くような水しぶきをあげる。仙人たちはこの深い緑の山水画を描いたが、うっかり人間界に落としてしまった。幸いにも私たちはそれを発見し、このような美しく生き生きとした絵巻を見ることができたのだ。絶壁と美しい水、神秘的な洞窟を探索し、古色蒼然とした集落を歩き、ラフティングに挑戦し、リラックスできるスパ温泉に浸かる……豊富な観光資源を体験することができる。

宝峰湖
BAOFENG LAKE

国家 AAAA 級旅遊景区
National AAAA Level Tourist Attaction

美しい湖に酔う
Intoxication love lake

七星山
SEVENSTAR MOUNTAIN

湖南省省級旅遊リゾートエリア
Hunan Provinal Level Tourist Resort

永遠の愛を誓う
I will love you all my life

黄龍洞
YELLOW DRAGON CAVE

国家 AAAA 級旅遊景区
National AAAA Level Tourist Attaction

世界の鍾乳洞奇観
World karst cave wonders

七十二奇楼
THE 72 MAGIC BUILDINGS

張家界初のナイトライフと芸術の町
The first nightlife art town
in Zhangjiajie

「張家界·魅力湘西」
ZHANGJIAJIE CHARMGING WESTREN HUNAN

千年の神秘が大型ショーに
A large-scale show of the long history of
mysterious westren Hunan

万福温泉
WANFU HOT SPRING

京武鉑爾曼 ホテル
JINGWU PULLMAN HOTEL

張家界禾田居度假 ホテル
HARMONA RESORT & SPA ZHANGJIAJIE

青和錦江国際 ホテル
QINGHE JINJIANG INTERNATIONAL HOTEL

茅岩莓茶
MAOYAN VINE TEA

湘帅印桑植白茶
SANGZHI WHITE TEA

砂石画
SANDSTONE PAINTING

土家錦織り
TUJIA BROCADE

日本から張家界の旅　おすすめ観光ルート

アクセス

東京、大阪、名古屋からそれぞれ長沙までの直行便がある。あるいは日本から上海、北京経由で張家界へ。

観光スポット

張家界武陵源景区（黄石寨、金鞭渓、袁家界、天子山、十里画廊）、天門山、宝峰湖、黄龍洞など。
また周辺の鳳凰古城、長沙岳麓学院、馬王堆を訪問する人もいる。

宿泊施設

五つ星ホテル：陽光ホテル、京武鉑爾曼ホテル、青和錦江国際ホテル

高級ホテル：納百利皇冠假日ホテル、禾田居度假ホテル、藍湾博格ホテル、通達ホテル、聖多明哥ホテル、専家村など

高級民宿：梓山漫居、五号山谷、棲漫、遠方的家、回家的孩子など

買い物

張家界特産／張家界莓茶、杜仲、砂石画、土家錦織り　　長沙／湖南刺繍、醴陵紅磁など

日本語通訳

日本人観光客対応専門の旅行会社で予約可能

中世旅行社：+86-744-8295222

納百利国際旅行社：+86-744-8883128

日本円の両替

中国銀行、または現地の 5 つ星ホテルで利用可能

おすすめ旅行ルート

トランジット利用　4 日間のおすすめコース

Day1：日本→北京または上海で乗り継ぎ→張家界空港着　宿泊：永定区

Day2：張家界武陵源景区（黄石寨・金鞭渓）→宝峰湖　宿泊：武陵源区

Day3：張家界武陵源景区（袁家界・天子山・十里画廊）→黄龍洞　宿泊：武陵源区

Day4：天門山→軍声画館 or 張家界莓茶博物館見学→空港へ

長沙直行便利用　5 日間のおすすめコース

Day1：東京または大阪→長沙　宿泊：長沙

Day2：長沙から高速鉄道で張家界へ（約 2 時間）→天門山　宿泊：永定区

Day3：張家界武陵源景区（黄石寨・金鞭渓）→宝峰湖観光　宿泊：武陵源区

Day4：張家界武陵源景区 (袁家界・天子山・十里画廊) →黄龍洞　宿泊：武陵源区

Day5：張家界から高速鉄道で長沙へ（約 2 時間）→馬王堆 or 岳麓書院→空港へ

張家界市人民政府観光公式サイト
Official Tourism Website of Zhangjiajie
Municipal People's Government

www.ZJJW.com

張家界観光公式
WeChat アカウント

Officail account of Zhangjiajie

第一部
写真で巡る中国の絶景 77

　中国は広大な土地と悠久の歴史と文化を有し、世界遺産が最も多く登録されている国のひとつであり、その雄大で壮麗な自然の景観と多彩で豊かな文化的景観が世界中の観光客を引きつけている。第一部では中国全土の新しい観光スポットを紹介し、これまでのイメージを覆す新たな旅へとお連れする。

文 /『中國旅遊』　写真 /『視覚中国』、李珩、頼宇寧、張力等

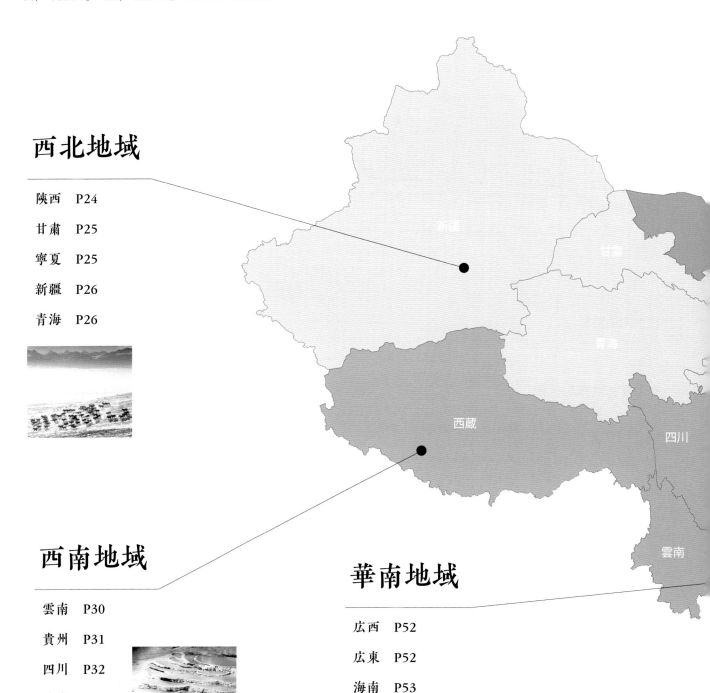

西北地域

陝西	P24
甘粛	P25
寧夏	P25
新疆	P26
青海	P26

西南地域

雲南	P30
貴州	P31
四川	P32
重慶	P36
西蔵	P37

※本文で掲載しきれなかった
　写真もございます。

華南地域

広西	P52
広東	P52
海南	P53
香港	P54
澳門	P55
台湾	P56

東北地域

吉林	P27
黒龍江	P28
遼寧	P28
内蒙古	P29

華北地域

北京	P16
天津	P20
河北	P22
山西	P23

華東地域

上海	P42
浙江	P46
江蘇	P47
山東	P48
福建	P50

華中地域

湖北	P38
湖南	P39
河南	P40
安徽	P41
江西	P41

黒龍江

内蒙古

吉林

遼寧

北京

天津

河北

山東

山西

寧夏

陝西

河南

江蘇

安徽

湖北

上海

浙江

重慶

江西

湖南

貴州

福建

広西

広東

香港

澳門

台湾

海南

北京 *BEIJING*

　遼、金、元、明、清という5つの王朝が都を置いた北京。歴史上、重要な地であるだけでなく、輝かしい中華文明の合流する地でもある。故宮、万里の長城、天安門といった場所は誰もが知る首都のランドマークであり、我々はそれによって北京の歴史を知り、古都のイメージを感じるのだ。しかし、歴史が悠久であることは、必ずしも因習にとらわれていることを意味しない。近年、北京は新たな顔を見せている。芸術センター、テーマパークが続々と現れ、元々の観光スポットにも新たな施設が作られている。

北京市懷柔区にある雁棲湖は歴史的に宮廷の花園として有名だった。サンライズ ケンピンスキー ホテルの外観はまるでゆっくりと昇る太陽が大地を照らすよう。自然の風景とアクティビティが楽しめる新たなスポットだ

北京 *BEIJING*

ユニバーサル・スタジオ・北京は 2021 年にオープン。ユニバーサル・
シティウォークやオフィシャルホテルと合わせてアジアで 3 番目の
ユニバーサル・テーマパークとして人気を呼んでいる。ハリー・ポッ
ターやカンフー・パンダ、ミニオンズなど 7 つのエリアがある。

白とグレーを基調にしたモダンな建物の１＋１芸術センターは収蔵、展覧会、オークション、鑑定など様々な機能を備えている。中国の古い文化・芸術を世界に紹介するとともに、現代の国際的なアートも中国に紹介している。

下の写真左は古北水鎮。司馬台万里の長城の麓に広がる中国の街並みが旅情を誘う滞在型リゾート地だ。温泉や染め物体験を楽しみ、長城に登ればライトアップされた街の夜景が。右は北京 CBD の夜景。個性的な外観が北京の開放的な一面をみせる。

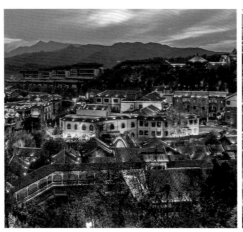

19

天津の眼を通して、この街の過去と未来
を俯瞰することができる。橋の上に建て
られたこの観覧車は、観光と交通の機能
を兼ねた世界唯一の橋上観覧車だ。

天津

TIANJIN

隋・唐の時代に大運河ができると、海と川に囲まれた天津は南と北の運河が交わることで勃興した。北京からわずか120キロという距離にある「天子津渡」（明の初代皇帝が初めて北京に入るときに天津から入った）と言われた天津が、しっかりと都の門を守ってきた。1404年に正式に街ができてから、天津は港湾都市特有の道を歩み始めた──。水と陸の埠頭、食糧輸送の中心地、軍事の要衝……多くの名称が天津の歴史的土台の上に加えられていった。竹でできた楽器でリズムをとりながら即興歌や韻をふみながら物語を語る芸「天津快板」以外に楽しく目新しいものがなかった天津も、今では橋にかかる観覧車・天津の眼や巨大な濱海図書館をはじめ、堂々たる新しいスポットがたくさん立ち並んでいる。未来感あふれる津湾広場は天津のランドマークだ。棚田の形を表現した本棚に圧倒される濱海図書館はもはや図書館というより都会の「芸術品」である。

左下）国家海洋博物館は、天津港の深遠な海洋文明を代表する「収蔵・展示・研究・教育」が一体となった中国唯一の国家級の総合海洋博物館である。生き物の触手にインスパイアされたデザインは、微妙な海をイメージしている。周囲には公園がたくさんある。

右下）濱海駅のデザインは海洋文化をインスピレーションの源にしている。オウムガイとひまわりの螺旋状の線を参考に、西北から見れば貝殻、東南から見ればシロナガスクジラを思わせるドーム型。開放的で明るい建築はテクノロジーとアートの融合といえる。

秦皇島市の静かな海辺にたたずむ白くエレガントな阿那亜礼堂は、修行をする場を意味するサンスクリット語の「阿蘭若」からその名がついた。空から見ると白い帆船のように見えるこの場所では音楽会や展覧会等、文化芸術活動が行われる

河北 *HEBEI*

阿那亜礼堂のそばには孤独な図書館と言われる三聯書店海岸公益図書館が建っている。幾何学的な立方体の外観、中には閲覧室、瞑想室などがあり文学青年に人気だ。陽の光が降り注ぐ海辺で静かに本を読む午後は至福の時である。

　「燕趙の地」と言われる河北省は、春秋戦国時代から文明開拓の足跡がある。戦国時代に中国を分割支配した七雄の国、燕と趙の名前が継承されているのだ。承徳避暑山荘及び外八廟、万里の長城、京杭大運河、清東陵、清西陵という5つの世界遺産がひとつの省にあるのは、中国全土でもなかなかお目にかかれるものではない。厚い歴史の蓄積に「古風」のイメージがつきまとうが、古跡だけと思うなかれ。世界に門戸を開くこの地がそれだけに限られるはずがない。秦皇島市には孤独な図書館（写真右）があり、新楽にはハリー・ポッターの世界のような河北美術学院がある。画期的なコンセプトと最先端の外観は河北のイメージをくつがえす。

太山龍泉寺は唐の時代に創建され、本堂東側にある地下宝物庫は2008年に建設作業員によって偶然発見された。石棺、木棺、金が施された銅棺、銀棺、金棺が入れ子になっている五層の棺には貴重な仏舎利が安置されている

大同方特歓楽世界は大同市平城区にあるSFとインタラクティブが特徴のアトラクションパークだ。唐古拉雪山、スペースフライト、恐竜島からの脱出など20余りのテーマに分かれたアトラクションがあり、親子で楽しめる。

山 西 *SHANXI*

　山西省といえば陳酢や刀削麺、縁日や田植えの踊り秧歌（ヤンガー）、竹馬などが思い浮かび、観光スポットも同様に石窟、大仏、黄土高坡が代表的なイメージで、空全体が黄土に覆われている印象がある。もし同じ印象を持っているなら、太行丹泉鎮や大同方特歓楽世界を訪ねるべきだ。太行山の麓の美しい野原に淡い黄色のタマネギのような家屋が並ぶ太行丹泉鎮では、中国で流行の「原生態」（生まれたままの状態）を感じながら厳かな寺院や古い商店街、お酒作りなどを見学することができる。アジアのSF楽園と言われる大同方特歓楽世界（写真左）では家族や友人とアトラクションに盛り上がれる。山西大劇院と太原植物園は建築も楽しめる。

萬邦書店（藍海風店）は近年、流行のスポットとなっている。西安で最も美しい書店と言われ、数十万冊の蔵書を誇る圧巻の書棚は宮廷のような美しい輝きを放ち、没入する読書空間を提供している

陝西 *SHANXI*

龍州丹霞は数百万年の間に削られてできた赤い砂岩の奇観が原始の状態で残されており、「波浪の谷」とも言われている。雨のあとはとりわけ赤い砂岩の色つやが増し、多くの写真家を引きつけている。

　世界の八大奇跡のひとつに数えられる兵馬俑、華山、大雁塔などの景勝地が千年の古都、陝西省に歴史という滋養を与えている。実はこの世の栄枯盛衰に耳を傾ける以外にも、新しいスポットが続々出来ている。コーヒーをテーマにした西安創業珈琲街区は若者が開いたコーヒー店が立ち並び、夜になると多くの人でにぎわう若者の人気「チェックイン」スポットになっている。萬邦書店の美しい書棚（写真上）も「インスタ映え」スポットだ。さらに龍州丹霞（写真右）やＳ字型に湾曲した乾坤湾（中国で最も美しい十大峡谷の一つと言われる）といった圧倒的な自然の美にも触れることができる。

敦煌の西約20キロにある溶融塩タワー式太陽熱発電所は2018年に発電を開始した。面積800ヘクタール、太陽光を集めるために同心円状に設置された1万2000枚を超える反射鏡は圧巻だ

甘 粛 *GANSU*

甘粛省は中国の北西部に位置し、痩せた土地と乾燥した気候という特殊な地理環境が独特な自然景観を生み出している。外国人に人気の新たな観光スポットになっているのが溶融塩タワー式太陽熱発電所や火星シミュレーションの火星1号基地だ。

中国北西部で最も前衛的な銀川現代美術館には清朝末期の油絵から現代美術作品まで100点が収蔵されている。双曲線の建物は流れるような地形のテクスチャーと呼応している

寧 夏 *NINGXIA*

寧夏回族自治区はウイグル族の風情に溢れ、タングート族が興し元に滅ぼされた国・西夏の遺跡が数多くある。それだけでなく、山、砂漠、湖、オアシスがあり、西北の雄大さと江南の美しさを併せ持つ。最近では砂漠の中に星形の五つ星ホテルがオープンした。

天山山脈は果てしなく広々としており、勢いよく駆ける馬も気持ちがよさそうだ〔撮影／頼宇寧〕※天山山脈は中央アジアのカザフスタン、キルギスから中国西部にかけて、国境地帯に広がる山脈群だ

新 疆 *XINJIANG*

広大な土地と豊富な資源がある新疆ウイグル自治区は中国の総面積の約6分の1を占める。中国六大湿地のひとつである巴音布魯克草原の天鵝湖湿地や雪山、平原、ラベンダー畑等の自然の他、ウルムチ鉄道局の地下鉄駅や新疆大劇院等、モダンな建築物もある。

ゴビ砂漠に1年中温かい水が湧き出る泉があり、硫黄成分が高いため鳥や野生動物は近づけない。草が生えないため「悪魔の眼」と呼ばれている

青 海 *QINGHAI*

古くから孤独と荒涼という固有の印象がある青海は、現代になり国内で最も人気のある観光地のひとつへと大きく変貌を遂げた。青海チベット高原の雄壮な風景、畏敬の念を起こさせる雪山、柔らかな青い海。写真はゴビ砂漠に絵画のように浮き上がる泉。

長白山の南麓を源とする北朝鮮との国境
河川・鴨緑江は南へ流れる途中で無数の
美しい景色を生み出す。中でも有名なの
が景勝地が集中する遼寧省丹東の鴨緑江
風景区だ。急に流れが速くなる上流の「太
極湾」と赤い楓がコントラストをなす

吉 林 *JILIN*

白山市は地味で小さな街だが、長白山自然保護区の60%
が白山市にある。広く原生林に覆われたこの街は冬に訪れ
るのがよい。満州族に特徴的な木造家屋を模した建築群が
雪に覆われて、童話の世界に足を踏み入れたようだ。

東北部の吉林省は東はロシアと北朝鮮、北は黒竜江省、西
は内モンゴル自治区、南は遼寧省に囲まれている。この地は
とりわけ恵まれた自然と風土を持っている。長白山の主峰が
あり、鴨緑江・松花江・図們江の水源がある。そして満州族
や朝鮮族などの少数民族の発祥地であり居住地でもある。辺
境に位置することから、鮮明な異国情緒がある。

長白山天池や浄月潭などの観光地は行ったことがあるかもし
れない。しかし、吉林省には他にも東北と満州族の特色を備え
た民宿が増えている霧凇島や白い童話の村（写真右）などスノー
アイスを楽しむスポットがある。長影世紀城は映画製作所を活用
したテーマパークで、絶えず様々なイベントを行っている。

太陽島の向かいに建てられたハルビン大劇院は新しい音楽だけでなく伝統劇や演劇の公演にも力を入れている。流線型の外観が美しく、自然光を取り込む設計になっている

黒 龍 江 *HEILONGJIANG*

黒竜江省には省都ハルビンに存在したロシア様式の建築が再現されたロシアをテーマにする公園・伏爾加荘園や、ハルビン融創楽園など新スポットができている。ハルビン―大連高速鉄道の開通で移動がより便利になった。

バイエルン城様式の建物が海辺のぼんやりとした霧に浮かぶ。大連一方城豪華ホテルは決して華美なわけではなく、大連市の主要観光スポットからも近く海、山や繁華街の景色全てを楽しめる

遼 寧 *LIAONING*

東北三省の中で最南端にある遼寧省は、唯一海洋文化の影響を受けた省だ。大連星海広場は天安門広場の4倍の面積で、世界最大の広場を囲む湾には大連星海湾大橋が架かり、遼寧ひいては東北の正面玄関となっている。

日本人デザイナーが設計した響沙湾蓮花
ホテルは、モンゴルのパオの特徴と現代
技術を融合させ、蓮の花の形をしている。
観光スポットに隣接し、プールなどの娯
楽施設も揃っている

内 蒙 古 *NEIMENGGU*

総面積 4 万 7000㎢のバダインジャラン砂漠は 144 もの
湖がある。これらの湖の成り立ちについて統一的な解釈は
なく、湿潤気候の時期の名残だという人もいれば、雅布頼
山あるいは祁連山からきているという人もいる

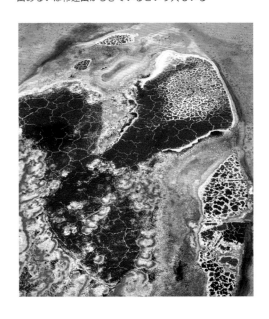

　内モンゴル自治区には広大な草原があり、牛や羊、オオワシ
を見ることができる。草原だけでなく森林や湖、湿地、砂漠、
氷雪、温泉など、すべてがここにある。特に中国で 3 番目に
広大な砂漠で、人気の観光スポットであるバダインジャラン砂
漠（写真右）は見逃せない。また、近年ではファッショナブル
なホテルや建築が増えている。砂漠に突如現れるモダンな響沙
湾蓮花ホテル（写真上）や砂漠に落ちた隕石のような建築のオ
ルドス博物館。4 つの常設展があるが、特にマメンチサウルス
恐竜が眼をひく。満州語で「要塞」を意味する牙克石市は森林
に覆われ、季節毎に装いがある。オラーンハダ火山群は約 280
㎢の面積を占め、6 つの火山はすべて死火山である。

シャングリラにある白水台は、トルコのパムッカレによく似て、白い段々畑のように重なり合っている。白水台は中国最大の泉水台地のひとつである。炭酸カルシウムが泉に溶けこみ、長い年月をかけて形成された

雲 南 *YUNNAN*

甲応村は梅里雪山の足元にある村で、「梅里雪山の花園」とも呼ばれている。四方を山に囲まれたこの小さな村に現存する民家は4戸しかなく、観光客は非常に少ない。渓流や湿原、牛や羊の放牧など、すべてが静かで美しい

　風光明媚なシャングリラ、真っ白な雪に覆われた玉龍雪山、風情溢れる麗江古城……これらがきわ立つ観光地、はすべて雲南省にある。そのような人気の観光地にも新たなスポットが次々とでき、観光客の目を引きつけている。独龍江の独龍橋は、普段、川の両岸に住む住民が行き来している吊り橋が口コミで広まり、写真家の撮影スポットになった。甲応村（写真右）は梅里雪山の足元にある静かで美しい村だ。ネットで広まったのは、昆明市の昆明教場中路を挟んで咲き誇る薄紫のジャカランダだ。毎年見頃になると観光客が大勢集まる。シーサンパンナ・タイ族自治州の告荘夜市はカラフルで賑やか、まるで東南アジアにいるようだ。

世界で最も高い100の橋のうち、40余りが貴州省にある。その中で壩陵河大橋は安順市にあり、上海昆明高速道路の一部である。渓谷にかかるこの橋は全長2237 m、毎朝霧が立ちこめる神秘的な雰囲気だ

興義市の万峰湖風景区内にある、崖に囲まれた孤島に建つリゾートホテルは、まるで古代の城のようだ。他の観光施設が少ないため観光客が少ないが、却って独特なリゾートでリラックスしたいという人々から人気を集めている

貴州 *GUIZHOU*

　中国南西部の奥地に位置する貴州省には多くの景勝地があり、山や水、林、洞窟などの自然に囲まれ、梵浄山や黄果樹瀑布、興義市の万峰森林などが定番の観光地だ。そして新たに貴州省のイメージを一新する観光地も生まれている。TikTokで有名になった平壩農場に広がる桜を見に、春には多くの観光客が集まる。貴州省には2000年余り前に「野郎国」が存在したが、同省の著名な芸術家・宋培倫氏が創った花渓野郎谷は古代の野郎国を思い起こさせる。石造りの彫刻や建築物が芸術的で異国風の雰囲気を醸し出している。そしてあまり知られていないのが羊皮洞窟の60〜70mの落差がある瀑布だ。

四川 *SICHUAN*

　四川省は豊かな歴史的遺産と多彩な民族的風土を備えた、多くの旅行者が行きたがる観光地である。そして九寨溝や都江堰、楽山大仏、峨眉山など世界で最も多くの自然遺産と文化遺産、国家の重要な景勝地がある省だ。近年では、蓮宝葉則や牛背山、無影教堂など新たなスポットが「天府の国」に更なる魅力を添えている。2015 年にオープンしたホテル、成都博舎のエントランスは 100 年余りの歴史を持つ四合院の母屋だった場所で、東西にそれぞれライブラリーと展示スペースがある。一歩中に入れば、モダン且つエレガントで時空を旅するような気分になれる。成都国際金融センターの壁を登るパンダが成都のランドマークになって久しい。国際的に有名なアーティスト故ローレンス・アージェント氏が手がけたパンダは、忙しい中でもこの貴重な生き物が同じ地球に生きていることを思い出させてくれる。

ラベンダー畑に建つ純白の無影教堂はたくさんの柱でできた教会で、伝統的な建築構造を打破したその造りは内と外が完全に融合している。南仏プロヴァンスの風景を復元したエキゾチックな教会は夜にはライトアップされ、女性に人気を呼んでいる

雅安市にある牛背山は、山頂の一部の崖が牡牛に酷似して
いることからその名がついた。この山は海抜 3600 m、青
衣江と大渡江の分水嶺になっている。360 度パノラマの
山頂では星空帳篷ホテルの小さなテントで星空を見ること
ができる

蓮宝葉則はアバ・チベット族チャン族自治州と青海省久治
県、班馬県の間にあり、青蔵高原の中心に位置する。知ら
れていない秘境がまだまだたくさん隠れている

千厮門大橋は有名な景勝地・洪崖洞と重慶大劇院に隣接しており、重慶の立体的な交通景観を存分に示している。橋の上には道路、中にはライトレール、下には船が通り生命力に満ちている

重 慶 *CHONGQING*

論議を巻き起こした波打つ道路。重慶市巴南区界石鎮にあるこの道路は全長 300 m、上に登っては谷に落ち、スリリングだが起伏は視覚効果によるもので危険はない。しかし多くの人が自分の目で見ようと訪れている

　ビルの間を縫う電車、目がくらむような坂、幾重にも折り重なる急坂と立体交差の橋……。これらが重慶を分割させて「3D 都市」にしている。幻のような地形と建物は、都市に対する認識をひっくり返すだろう。カメラと自分の目を連れて、新旧織り混ざり古い建築がタイムスリップしたような気持ちにさせる千仏寺を散策し、活気溢れる千厮門大橋を渡り、歴史ある田園・万盛郷村を訪ね、波打つ道路で上下に揺れるのだ。上海や西安、杭州などにも店舗がある鐘書閣は、階段で重慶特有の地形を表現しており、見て欲しいスポットとなっている。「激辛ホット」な重慶の街を見れば「これぞ重慶！」と思うこと間違いない！

北京とチベットを結ぶG6北京ーチベット高速道路でラサーナクチュ区間（ナラ高速道路と呼ばれる）が全線開通した。標高4500mを超える高原に位置し、世界で最も高い高速道路となっている

2016年、中国の科学調査チームはチベット東部のタングラ山脈にあるブジア雪山で5つの巨大な吊り氷河を発見した。最長の吊り氷河では落差2100mに及ぶという

西 蔵 *XIZANG*

　雪のチベットを旅し、ラサのポタラ宮を詣で、美しすぎるブルーの湖・ナムツォを眺め、中国で最も美しい雪山・ナムチャバルワをレンズにおさめた人はいるかもしれない。しかし中国で二番目に大きい行政区であるチベットには、奥深くに隠されたまだ見ぬ秘境が隠されている。エベレストのお膝元にあるロンブク氷河は海抜5300mから6300mに及び、一面に乳白色の氷の塔が地面から突き出している。ルラン（魯朗）鎮は手が加えられていない広大な森林が美しく「東洋のスイス」と言われている。広東省と共同で「ルラン国際観光小鎮」を作り人気リゾート地となっている。またラサとニンティを結ぶ鉄道が開通し、大幅に時間も短縮されている。

屏山峡谷は「中国のセンポルナ（マレーシアの街）」と言われ、平らな山頂と屏風のような崖でその名がついた。峡谷の形は千変万化、そびえ立つ崖と小さな渓流が珍しい秘境の景色を生み出している

湖 北 *HUBEI*

武漢の東湖はかつて中国最大の都市にある湖として名を馳せたが、今ではさらに磨山桜園の1万株に及ぶ桜が女性の人気を集めている。青森県の弘前桜園とワシントン州の桜園と並ぶ世界3大桜の都と言われている

　武当山、神農架などの世界自然文化遺産がある湖北省は歴史の厚みがあり、「千湖の省」としてここには美しい山と清らかな水がある。屏山峡谷（写真上）や清江書廊などの絶景が観光名所だが、清江書廊は25キロの峡谷を古い船を模した遊覧船でまわりながらカルスト地形を間近で見ることができる。そして現在では、鶴が羽ばたくような外観デザインの湖北省図書館新館、咲きほこる馬蹄蓮のような武漢新エネルギー研究所など、いまだ知られていないスポットが目新しさをもたらす。中国でも有数の歴史を有した湖北省図書館は2012年に新たな新館がオープンし、左右対称の翼が羽根を広げて踊る白鶴のようだ。

湘江は長江の主要な支流のひとつだ。南から北へ、韶山を過ぎて長沙に入り、最後は洞庭湖に流れ込む。湘江風景区は長沙を中心として、両岸のコントラストを楽しみながら自然の緑を味わえる

外観は乳白色の GRC（ガラス繊維強化セメント）で壁が仕上げられた長沙の梅渓湖国際文化芸術センターはまるで梅渓湖に浮かんだ花のようだ。歌舞劇や交響楽団公演などが行われている

湖 南 *HUNAN*

　ハリウッド映画『アバター』のロケ地となった張家界は世界的に有名になるなど、長江中流域に位置する湖南省は中国の近代史に大きな影響を与えた。最近では長沙の「茶顔悦色」（ミルクティーのブランド）のために多くの人が湖南へ旅行に行く。新しく建てられた梅渓湖国際文化芸術センター（写真左）は唐末の詩人・譚用之の詩に詠まれた姿そのものである。95％が森林に覆われた自然のままの風景が楽しめる高椅嶺、長江支流の湘江（写真上）、永州市の下灌村など、他では見られない景色はさらに湖南省の美しさに磨きをかけた。下灌村は「湖南最初の村」と言われており、木造家屋や古い建築が残る美しい村である。

龍門石窟は石刻芸術の宝庫であり、魏と唐の時代の王室の石窟芸術の代表でもある。この有名な観光地がナイトツアーを始めたことは注目に値する。ライトアップされ明るく輝く石窟内をじっくり見ることができる

河 南 *HENAN*

海抜2000mを超える老君山は雲と霧に包まれ、老子が隠遁して修行を積んだという言い伝えがある。近年新たに2本のケーブルカーが設置された。特に冬は山頂が雪に覆われ絶好の撮影スポットになる

　河南省は中国文明の重要な発祥地である。歴史の中心的地域のひとつでもあり、文化・歴史の余韻に満ちている。龍門石窟（写真上）のナイトツアーや老君山（写真右）の新たなツアーの他、新しいランドマークもできており、「中央平原で最も高い建物」として知られる円筒状の建物は、中国最古の煉瓦塔である松岳寺塔に着想を得ている。夜に金色のライトが点灯すると巨大なトウモロコシのように見えることから「ビッグコーン」とも呼ばれる。鄭州北龍湖芸術センターは360度強化ガラスの回廊となっており、地元民と外国からの観光客の人気観光スポットとなっている。龍潭グランドキャニオンは巨大な龍に見えることからその名がつけられ、アウトドアも体験できる。

安徽省宣城市寧国の青竜湾ダムの奥地に位置する落羽杉湿地公園は水中に生えるメタセコイヤと青い水面が美しいコントラストをなす。秋は色鮮やかな紅葉が人を楽しませる

安徽 *ANHUI*

安徽省は常に中国の主要な観光地であり、黄山周辺には特色あるホテルや民宿が雨後の筍のように出現している。黄山で最も豪華なホテルのひとつである黄山悦榕荘は、地元の建築文化にインスパイアされており、伝統的な魅力を備える。

景徳鎮御窯博物館
Jingdezhen Imperial Kiln Museum

景徳鎮の伝統的な龍窯に着想を得た景徳鎮御窯博物館は、かつて世界で唯一の王室磁器工場である明清御窯廠として知られており、その遺跡から出土・復元された希少な磁器が展示されている

江西 *JIANGXI*

近年、江西省には新しい建築ランドマークができている。景徳鎮御窯博物館（写真）や南昌漢代海昏侯国遺跡公園、中国で最も美しい水上道路と言われる永呉公路、亜熱帯の山林が保存され、生物多様性にあふれる武夷山国立公園などが注目されている。

上海で最も高い建築の記録を破った上海タワーなど、新しいビル
が上海の空の果てを「突破」し、雲間から頭をのぞかせる。上海
といえば摩天楼は象徴的な風景だ

上海 SHANGHAI

　上海と建築の関係は、早くは三国志時代の龍華塔が建てられた頃まで遡る。古今東西、あらゆる建築がひとつの都市に集まっている。スタイルは明確に分かれているが、絶妙なハーモニーを奏でており、現代になると上海の建築へのこだわりはますます強くなり、摩天楼以外にも最近の上海建築はさらに芸術性を追求するようになった。2018 年に完成したヒマラヤセンターは壁のデザインが話題となり、人々がおしゃべりをしたりコーヒーを飲んだりと快適に過ごしている。復星芸術センターは外観が巨大なパイプオルガンの形状をしており、毎日決まった時間に音楽に合わせて動く「踊る建物」として人々を楽しませている。オウムガイの殻のような外観の上海自然博物館は優美な螺旋の姿を見せる。まさに建築の視覚の宴が上海で展開しているのだ。

上海 *SHANGHAI*

左）2021年、世界一高いホテルが上海に誕生した。「上海センターJホテル」は「中国で最も高いビル」である上海タワーの84階から110階に建設され、高さは556mを超える。Jは傑出の「傑」を意味し、「錦江」の最初の文字でもある

下）ヒマラヤセンターは日本の建築家・磯崎新氏が中国の優雅な生活を表現して綿密に設計したもので、ホテルや美術館、ショッピングモールなどがある

アジア協議会のランドマークと言えるのが大運河亜運公園だ。体育館や公園、運動場、商業施設が一体となった浙江省初の都市型スポーツ公園である

浙 江 *ZHEJIANG*

杭州の西渓湿地にある 2100 クラブは、中国初のブロックチェーンのバーだ。ブロックチェーンの投資家が起業家同士の交流プラットフォームのために創立した。ビットコインで支払可

　浙江省の烏鎮インターネット国際会展センターは U 字型をしており、現代的な国際会議センターの機能と江南水郷の建築伝統を兼ね備えた烏鎮の新たなランドマークだ。これらの新たなスポットは、科学技術がいかに建築と環境に影響しているかを体現している。また、莫千山は「清く、静かで、涼しく、緑豊か」という憧れの山生活を実現するリゾート地。富春江にも新たなホテルが増えている。元代の画家、黄公望が『富春山居図』を描いてから、富春江は中国の田園生活の象徴となった。近年は両岸にトップレベルのホテルや民宿ができ、伝統的な南方の粉壁黛瓦（ピンクの壁と眉墨色の瓦）の夢見る風景が広がる。

蘇州市の崑山花橋鎮にある「遊駅未来城」はピラミッド型のマンションだ。蘇州の伝統的イメージを破っただけでなく、花橋鎮の明るい未来も象徴している

南京の保利大劇院は南京国際青年文化センターの核心部分。南京で最もモダンな建築だ。劇院、景観、広場、立体プラットフォーム。そして市民と旅行者に多方面の場所を提供する。またリング状に歩きながら景色を楽しめる

江 蘇 *JIANGSU*

　京杭運河開通以来、江蘇省はずっと全国の経済やビジネス、文化の中心のひとつである。かつては六朝時代の古都であり十朝の首都であった南京には、現在、金鷹美術館や保利大劇院（写真左）などの前衛的でモダンな施設がある。金鷹美術館は古都南京の現在の芸術的な高さを代表するプラットフォームで、世界最高峰の芸術を展示し、専門の講座や実演など総合的な芸術活動が行われている。蘇州で霧と雨の太湖を見たあと、SFのようなピラミッド型の建築を見る……。厚みのある歴史は江蘇省が前に進むための桎梏ではなく、豊かな文化を持つ省の誇りなのである。日々再生される江蘇省は人々の古い街という認識を打ち破るだろう。

5000 m以上も海岸線が続く万平口ビーチは、新たな観光スポットだ。夏も冬も過ごしやすい気候で、海の風景を楽しむなら外せない場所である。そして海鮮を取ってそのまま食べられる絶品の食事も必須項目だ

山東

SHANDONG

青島ビールを飲み、海辺の風景を見ながら文化に浸る……。歴史・文化で著名人を多数輩出している山東省には、宝物がたくさんある。新たに建設された青島海天センターは雲を突き抜けている。山東博物館の大玉壁新館は、立方体の外観の四隅が彫刻的にカットされており、中には18本の円柱がそびえ、白い大理石の階段で2階に上がるようになっている。天井に円形に飾られた翡翠が目を引く。北京杭州大運河の中心に位置する棗荘古城は、運河沿いに景勝地が整然と並び、古代の商業と貿易が華やかだった時代を模した街並みが人気である。お店が立ち並び、文化遺産のような川や埠頭がまるでタイムスリップしたかのような雰囲気を醸し出す。万平口ビーチ（写真左）で潮干狩り体験をしたり、長島県の珊瑚礁でぼんやりしたり、忘れられない日の出を見たり……。豪放でさっぱりした山東省があなたを待っている。

左下）高さ369mの青島海天センターは5年かけて作られ、2021年にオープンした。青島の海をデザインに取り入れ、「山東省で一番高いビル」の称号を得たセンターは黄金海岸線の「新しいランドマーク」となった

右下）煙台市長島県の天然動物公園は冬暖かく、夏涼しく、気候が良い。島にはたくさんの畸形の石があり、渡り鳥が必ずとまる。他にも400匹の太平洋ゴマフアザラシもおり、まるで天然の動物園に入ったようだ

上）福州海峡文化芸術センターの外観は福州市の花 ― ジャスミンのよう。多機能シアターホール、オペラハウス、音楽ホール、芸術博物館、映画・テレビセンターの 5 つの部分にわかれている

右）漳州火山島自然生態風景区は完全な濱海火山地質遺跡が保存された遺跡で、典型的な第三紀中心式火山爆発の遺跡と後期風化侵蝕の地形が残されている

福建

FUJIAN

東南の沿岸にある福建省は、東は台湾海峡に面し、海岸線は 3000 キロを超え、ノコギリの歯のようにギザギザしている。福建省内は山が多く丘陵山地は省の 90% を占める。永定士楼と武夷山という世界遺産の他にも、近年たくさんの新しいランドマークと観光スポットができている。2018 年に完成した「福州海峡文化芸術センター」（写真左）や山の中に作られた福州都市森林歩道「福道」は全長 19 キロあり、人々が気軽に運動する場所となっている。アモイで一番高いビル、「世茂海峡大厦」はツインタワーがランドマークである。六鰲鎮の抽象画廊には夏の台風がくる前に青い無数のプランクトンが波に打ち寄せ、「青い涙」と呼ばれている。

桂林陽朔悦榕荘は一層、二層の建物が庭を囲む。伝統的な白い壁や木の格子窓のクラシック要素が全体をあっさりさせた趣ある雰囲気にしており、心静かに休日を過ごすことができる

広 西 *GUANGXI*

「桂林の景色は天下一」とはよく聞かれる言葉で、誰もが知るところだ。広西には他にも丘陵の地形に隠れた秘境や文物古跡、濃厚な民族風土がある。常に新たなものを取り入れる広西省は魅力を増し続けている。

夕暮れの港珠澳大橋はまるで海に横たわる龍のよう。昼とは全然違う表情を見せる（撮影／陳顕耀）。港珠澳大橋は香港・珠海・マカオを結ぶ、世界最長の海上橋である

広 東 *GUANGDONG*

今日の広東省は流行の最先端を行く。広東珠海大劇院や深圳市現代芸術与城市企画館など外観が目を引き、次世代の感覚を持つ斬新な建築が現れている。他にも港珠澳大橋の開通は、香港と広東省各都市間の交通時間を大幅に短縮させ、粤港澳大湾区の観光は非常に便利になっている。

三亜湾は比較的静かで人が少ない場所で、三亜太陽湾柏悦ホテルはリラックスした休日を過ごしたい旅行者にピッタリだ。ホテルは山をバックに海のそばや坂の途中に作られ、夜はライトアップがロマンチック

紺碧の海と青い空で有名な海南島だが、熱帯雨林も一見の価値ありだ。ここには海抜1000mを超える山が81もあり、起伏の激しい山々の中にある尖峰嶺は、中国で最も面積が大きく最も完全な熱帯雨林が保存されている山の一つだ

海 南 *HAINAN*

　太陽とビーチ、ヤシの木と笑う人の声。これが海南省のシンボルだ。海南省は南海のまぶしい宝石と言っていい。海洋面積が中国で一番大きい省で、熱帯ビーチ資源が豊富で森に覆われている部分は50%を超える。生態環境がよく、気候もよく、風光明媚で人が住みやすい。そのような景色があるからこそ「海南は中国で一番のリゾート地」（写真左）と言われるのだ。人工の島である海花島は、上空から見ると海の真ん中に3つの花が開いているかのように見えることからその名がついた。2020年に竣工した海花島は3つの独立した島から成っており、遊園地、水族館、植物園などの娯楽施設が揃っている。

励徳邨は香港で唯一の筒型の「公共屋邨」。上から写真をとると、タイムトンネルのようだ。公共屋邨とは政府が市民に安く貸し出す公団住宅のようなもの。

香 港 *HONGKONG*

故宮は北京だけでなく香港にもある。香港故宮文化博物館は 2022 年 4 月に建物本体が完成し、同 7 月にオープンした。新たな技術が使われたこの博物館の目標は世界一流の博物館になることだ。

人があふれる大通り、ひっきりなしに走る車、密集した高層ビル。これが一般的な香港のイメージだ。確かに香港は山が多く平地が少ない。一休みする場所を探すのにも時間がかかる。しかし幸いなことに、絶景は街の中にある。小さくとも味わうべき景色がそこにはあるのだ。それらは街の奥深くに隠されているか、逆にすごく目立った注目される場所にある。高層ビルが密集する中で様々なタイプの公営住宅団地が写真スポットになっている。上の写真のような彩虹邨（「邨」は村の意味）の他にも南山邨は「回」の字型に作られた建物で、広場の両側には旧式の子どもの遊び場がある。香港で唯一の円筒状の励徳邨は上から撮影するとタイムトンネルのようだ。

マカオの人はグラフィティ（落書き）に対する寛容度が高い。ストリートアーティストはマカオの路地をストリートアートの天国に変えた。たとえば下環の沙井天祥は夜でも人目を引く

2022年で7年目を迎えた「マカオライトフェスティバル」は毎年12月にマカオのあちこちで行われる。メイン会場は聖ポール天主堂跡。優美な建物が色鮮やかに変わり人々を感動させる。

澳 門 *MACAU*

　珠江デルタに位置するマカオは、まさしく「小さいけれども、全て揃っている」街だ。16世紀中頃にポルトガルがこの地にやってきて、400年余の間、建築・芸術・食などの文化が絶え間なく融合してきた。歴史・古跡好きの人には世界遺産歴史城区がおすすめ。グルメな人は中国と西洋の有名な料理や特別な地元ポルトガルの料理に舌鼓を打つだろう。賑やかさが好きな人にはマカオライトフェスティバルとマカオ国際パレードが喜ばれる。2011年から始まったマカオ国際パレードは拉丁区を中心にしたアートパレードで毎年テーマが変わる。世界各地から招かれた表現グループおよび地元のグループが参加し、マカオの多元的文化を表現する。

南投県杉林渓の近くにある忘憂森林は
もともと原始森林だった。1999 年の
921 地震の後、土砂崩れのため渓流の
道がふさがれ、沼になった。朝は温度の
上がるスピードが早いため朝もやが出て
仙境のようだ。

台湾

TAIWAN

　台湾で最も美しい景色は人であるとよく言われる。しかし、実はその宝島の自然風景も純朴な人の気風に負けず劣らずで、中でも最も注目されるのは山の風景だ。面積3.6万km²の島に3000m以上の山が260余りあり、これは台湾のハイキング資源が豊かな証拠である。山以外にも欠く事ができないのが海だ。台湾本島だけでも1200キロの海岸線があり、絶景は数えきれないほどある。たとえば東北角は近年、世界有数のダイビングスポットになっている。雄大な自然景観で有名な東北角だが、福隆駅で売られる豚の角煮や煮卵、ソーセージに大根とキャベツの漬け物などが入った「福隆弁当」がB級グルメとして人気を集めている。普悠瑪号は2012年に日本から導入された第二型傾斜式列車で、2020年12月23日に全線が開通した。太魯閣公園は三方を山に囲まれ、公園内の峡谷と滝は非常に壮観である。九曲洞歩道はウォーキングに適しているだけでなく撮影スポットとしても最高の角度だ。

左下）4つの山からなる陽明山は国家公園で、梅や桜、桃の花がある。毎年春には桜が満開で、多くの人が花見に訪れる。2020年にオープンした野外景色を見るレストランでは夜景を楽しむことができる。

右下）新北市にある陰陽海は海水が金色と青の2色ある。金爪石山に多い黄鉄鉱が風化した後、銅と鉄のイオンが水に溶けてできた水酸化鉄に泥と砂が吸いつき、最後には黄褐色の浮遊物になるのである。

All Nippon Airways
1987·4·16
ANA 全日空
東京──北京
東京─大連─北京 路線

第二部
観光のプロフェッショナルに聞く

　昨年の「日中国交正常化 50 周年」に続き、2023 年の今年は「日中平和友好条約締結 45 周年」という大きな節目を迎える。2019 年は、訪日中国人観光客が約 960 万人に上り、インバウンド客数が全体の 1/3 を占めた。一方、雄大な中国の自然、多彩で豊富な文化的景観が多くの日本人を魅了している。

　第二部では日中観光業に携わる各界人士と中国の魅力を伝える方々に取材を行い、政府機関のトップから観光業の第一線で活躍している旅行会社・航空会社の代表まで、様々な体験と見識を聞くと共に、今後の観光に関する展望についても語ってもらった。

1987 年 4 月
東京—大連—北京の全日空定期便開設
写真提供 / 朱 金諾

中国駐東京観光代表処首席代表欧陽安氏インタビュー

アフターコロナでは観光を通して
日中民間交流を促進

日本と中国は地理的に近く、文化的な交流も深い。新型コロナウイルス感染症の世界大流行が起こる前の 2019 年は、日中両国の双方向の人民交流の規模は拡大していた。観光はまさしく日中両国の民間交流を促進する重要なチャンネルと位置付けられる。近年、新型コロナウイルス感染症の影響で観光交流は大きな打撃を受けたが、アフターコロナでは日中間の交流は徐々に復活することが見込まれる。今回は中国駐東京観光代表処首席代表の欧陽安氏に今後の日中間観光交流についての考えと展望を伺った。

文 /『和華』編集部　写真提供 / 中国駐東京観光代表処

Q 中国における外国人を呼び込むための国策にはどのようなものがありますか？

中国は常に国際社会との観光交流・協力を重視しています。2022年1月に国務院が発表した「第14次五カ年計画文化・観光発展計画」には、2025年までに旅行業界のレベルを絶えず発展させ、現代観光システムをより健全且つ、有効的で、高品質、柔軟で豊富な供給を実現し、より多くの観光客のニーズを満たしていくことが記されています。中国国内の旅行を発展させていくと同時に、インバウンド・アウトバウンド観光を秩序を持って推進し、中国旅行の国際的影響力、競争力を強めていき、旅行強国建設に向けて大きく発展していきたいと考えています。またこの発展計画では、正しく段階的にインバウンド観光を促進させ、アウトバウンド観光に関しても着実に発展させ、香港・マカオ・台湾地区との協力を強化し、観光に関する国際協力を深めていくとの方針が示されています。中国は、文化の多様性と社会的価値の相互尊重を基礎とした主要国間の観光協力の強化と、観光市場、商品、情報、サービス基準に関する近隣諸国との交流を推進するため、我々のような中国駐海外観光代表処は、海外に事務所を設け、中国の悠久且つ独特な文化や豊かな観光資源を広めるために日々動いています。

Q 中国駐東京観光代表処の主な業務について教えてください。

当代表処は、1981年に中国文化と観光部（元中国国家観光局）が中日間の文化と観光交流と協力のために東京の常設事務所として設立したものです。日本との観光交流、メディア取材協力や中国への取材招聘などのFAM（視察）ツアー企画、日本人向けの各種中国プロモーション資料の提供、中国各省・自治区・直轄市と協力して行うプロモーション活動の実施、日本の観光業界関係者の招聘による中国観光旅程の開発、旅行市場の調査などを行っています。

2022年には合計で25回イベントを企画・参加しました。主催イベントとしては「美しい中国 - 日本のキャンパスへ行こう」旅行推進会、「中日青少年修学旅行説明会」、「中国シルクロード旅行説明会」、「中国世界遺産旅行説明会」などがあります。また日本各地で開催される旅行EXPOや中国文化を発信するイベントにも出展し、東京で開催された「ツーリズムEXPOジャパン2022」、北海道で開催された「世界の旅フェスタ」、横浜で開催された「お城EXPO2022」などにも参加しました。2023年には既に「氷雪の中国」、「中国教育旅行説明会」を主催し、「第17回名古屋中国春節祭」、「上野パンダ春節祭」にも参加しました。

また、日本の方々に訪中旅行をしてもらえるよう、広告やSNSなどのニューメディアを活用し、中国の豊かで豊富な歴史や独特の文化・観光資源をオンライン・オフラインを通して発信・紹介しています。自分の目で足で、実際の中国を見て欲しいと思います。

Q 日中間の人的交流や往来数はどのように評価されますか？

新型コロナウイルス感染症流行前の2019年には、日本を訪れた中国人の数は1000万人近くに達しました。これはもちろん中日間の地理的・文化的な近さ、そして日本の高品質で人文的な観光環境、観光支援サービス及び日本政府が観光に向けて実施している積極的な取り組みなどが要因に挙げられます。一方、中国文化と観光部の発表によると、2019年の訪中日本人旅行者数は約268万人でした。訪中日本人旅行者数は、2007年の398万人をピークに、2013年以降は250万人前後で安定しています。

中日間の往来者数は合計で1200万人以上と非常に多く、

2022年9月に開催された「ツーリズムEXPOジャパン2022」に参加した

2023年1月欧陽代表が「上野パンダ春節祭」に参加した

両国の人的交流が活発に行われていることを示しています。一方、中国を訪れる日本人が少ない理由は様々でしょうが、本来中国と日本では人口が10倍以上違うので、単純に観光客の数で比較する必要はないと思います。最近の中国では観光インフラやサービスが大幅に改善され、中国の各地方政府が海外からの観光客を誘致するため、様々な優遇政策を導入しています。アフターコロナでは両国の観光往来がより促進されることが期待されており、観光業の将来は非常に有望であると考えています。

Q 海外からの観光客誘致に向けたインバウンド推進について、日本から見習うべき点は何だと思われますか？

日本の国策である「観光立国」が提言された後、日本政府は毎年数多くの関連する優遇政策を導入し、全都道府県を巻き込みながら、観光インフラやサービスの充実に一丸となって取り組んでいます。このように、政府から地方自治体まで一貫して「観光立国」の国策や取り組みを徹底している点に関しては、私は見習うべきだと考えます。例えば、インフラサービスの充実という点では、国が都道府県に補助金を出すだけでなく、企業や個人に直接補助金を出すことで、より多くの人々を動員することができます。新型コロナウイルス流行後、外国人のインバウンド観光が困難になると、政府は観光活性化のために「Go To トラベル」、「全国旅行支援」などの政策を導入し、自国民の旅行を推奨しました。これらの取り組みを通して、日本国内の旅行業界は迅速に回復し、活気を取り戻すことができたと思います。

2023年1月に参加した「上野パンダ春節祭」

Q アフターコロナでは、日中の観光はどのように発展していくと予想されますか？

新型コロナウイルス感染症における水際対策が緩和され、日本は2022年10月に入国制限を解除、中国は2023年1月初旬から徐々に出入国旅行の再開を始めました。中国と日本においては、これからの出入国を含む観光業は引き続き成長していくと考えています。コロナ禍において旅行業界でも多くの最新観光形態が生まれ、人々の観光に対する意識も変化しています。テーマ旅行、個人旅行、家族旅行、ディープ旅行などが今後の観光トレンドになることが予測されており、旅行会社もこれまでの観光モデルに固執しているだけでは、多様化する顧客ニーズに応えることは難しいかもしれません。私たち代表処も、時代の変化に合わせて、新たな観光広報のあり方を模索していこうと考えています。

Q 日中間の青少年交流を促進するために、中国駐東京観光代表処が行っている取り組みについて教えてください。

中国は一貫して中日両国の青少年交流を重要視しています。青少年は国や民族の希望であり、両国関係の未来と友好の使命を担う貴重な人材です。新型コロナウイルス感染症流行前は、中日両国の青少年研修旅行や、訪問団が数多

「2022年美麗郷村・中日青少年ファンラン大会」

2022 年 12 月開催した「美しい中国 - 日本のキャンパスへ行こう」イベント

く組織されており、これらのツアーや訪問を通して、青少年たちの相互理解を効果的に促進しました。日本の若者たちが参加した中国研修旅行や訪中団では、万里の長城や紫禁城、兵馬俑などの観光名所を訪問して、中国の素晴らしい古代文化や悠久の歴史を学んでもらうだけでなく、近年は HUAWEI やアリババ、テンセントなどのハイテク企業の訪問や、中国の高速鉄道に乗車することで発展著しい現代中国の姿を見てもらうようアレンジしています。

　私たち代表処も日本国内で中日両国の青少年を対象としたイベントをいくつか企画しています。例えば、2022 年6 月、中日国交正常化 50 周年を記念して、山梨県甲斐市で「2022 年美麗郷村・中日青少年ファンラン大会」を開催しました。「マラソン＋旅行＋文化体験」をテーマに企画した本イベントでは、地元山梨県の高校生や在中日本人留学生など 100 名以上が参加し、緑あふれる山道を走りながら、お互いの相互理解、友好関係を深めました。

　2022 年 12 月には、日本の青少年学生を対象とした観光促進イベント「美しい中国 - 日本のキャンパスへ行こう」も開催しました。このイベントも中日青少年の相互交流を発展させるための新しい模索と試みでした。中国の豊かな文化、観光資源と成長著しい中国の経済発展を、写真や動画などを通して参加した日本の青少年たちに PR しました。対面会場以外にも、ZOOM でも同時配信を行い、合計で 400 人以上の方が本イベントに参加しました。多くの学生からは「将来中国を訪問したい、留学したい」などの声も聞きました。今後は日本の大学や専門学校にも数多く出向き、青少年を対象とした観光プロモーション活動を行う予定です。

　このような活動を通じて、日本の若者たちが中国を知る機会を増やし、中国への関心と興味を高め、リアルな中国を感じてもらえればと思います。青少年たちの心に中日友好の種をまき、中日友好の旗印が代々受け継がれていくことを切に願っています。

おうよう　あん
欧陽　安

中国駐東京観光代表処　首席代表

1975 年生れ、江西省出身。2001 年に中華人民共和国文化部（現在文化と観光部）入省。中華人民共和国駐日本国大使館文化部にて 2 度の勤務経験有り。2022 年 3 月より中国駐東京観光代表処首席代表に就任。

全日本空輸株式会社常任理事・朱金諾氏インタビュー

友好のバトンを受け継ぎ、
日本と中国を結ぶ空の架け橋へ

日本最大の航空会社である全日本空輸株式会社は、岡崎嘉平太二代目社長の下、1972年の日中国交正常化以前から、チャーター便を通じて日中の友好交流に取り組んできた。岡崎氏の通訳として30回以上の訪中に同行し、また岡崎氏を師として仰いでいた朱金諾氏は、約26年前全日空に入社した。岡崎氏から朱氏へと2世代にわたって日中友好のバトンを引き継ぎ、日本と中国を結ぶ空の架け橋として、今日まで日中交流に尽力し続けている。

文 /『和華』編集部　写真提供 / 朱 金諾

日中友好の井戸を掘った人物として知られる
岡崎嘉平太氏

　1972年、田中角栄首相の北京訪問に先立ち、周恩来首相は日中国交正常化を祝う北京での国宴に、自分の名前で日本の友人を招待することを特別に指示した。この招待者は全日空の二代目社長、岡崎嘉平太氏である。岡崎氏は、全日空の創業者の一人として、今日に至るまでの事業発展の基礎を築いただけでなく、日中友好に生涯を捧げ、日中の国交正常化、経済貿易交流に大きく貢献した人物として知られている。周恩来首相と18回も謁見し、周首相から「日中友好の井戸を掘った功労者」と賞賛された。

　1962年、岡崎氏は自民党顧問松村謙三氏の訪中に同行し、日中総合貿易に関する覚書の交渉にも参加した。同年11月9日、中国側代表である廖承志中日友好協会会長と日本側代表である高碕達之助氏の間で『日中長期総合貿易に関する覚書』が調印された（略してLT貿易）。高碕達之助氏の死後、1964年から1974年まで、岡崎嘉平太氏がLT貿易の日本側代表世話人となった。その後、1964年4月20日、廖承志氏と松村謙三氏は、北京で日中両国間における貿易事務所の相互設置及び常駐記者交換に関する覚書に調印した。これにより日中貿易関係が民間の関係から半官半民の関係へと発展することが実現した、まさしく戦後の日中関係史でも画期的な意義を持つ出来事である。

　1972年に日中国交正常化の後、日中覚書貿易は歴史的使命を終えたものの、岡崎嘉平太氏は日中間の経済貿易協力を継続するため、日中経済協会の設立を提案した。日中経済協会は日中友好七団体の一つとして、今日においても日中間の経済・貿易の交流や発展に大きな役割を担っている。

岡崎嘉平太氏の宿願ー全日空中国路線就航

　日中国交正常化から2年後の1974年に日中航空協定が締結された。当時は国の持ち株会社である日本航空のみ日中間の定期便路線を就航していた。そのような中、周恩来首相は「岡崎先生は日中国交正常化に多大なる貢献をした、彼が設立した全日空に相応しい地位を与えるべき」と明確に指示した。中国側の配慮のもと、全日空は、当時日中間のチャーター便を数多く就航していた。

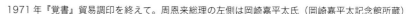
1971年『覚書』貿易調印を終えて。周恩来総理の左側は岡崎嘉平太氏（岡崎嘉平太記念館所蔵）

1987 年 4 月東京—大連—北京の定期便開設

1986 年 12 月、中国民用航空局と各界の支援により、全日空は東京から大連・北京への定期便の就航許可を取得した。 中国民航局の特別配慮により、岡崎氏の 90 歳の誕生日である 1987 年 4 月 16 日に念願の中国就航が実現した。この日、岡崎氏は就航初便に搭乗し、大連経由で北京に向かい、人民大会堂で開かれた就航記念式典で原稿なしで 30 分スピーチを行った。周恩来総理との約束をようやく果たせたことを報告し、周総理と中国政府への感謝の気持ちと、全日空で働く社員一同で今後日中友好とアジアの繁栄に貢献してほしいと述べた。

全日空は新型コロナウイルス感染症流行前においては、中国 10 都市に就航、旅客便週 178 便を運航しており、年間約 260 万人の中国人および外国人旅客が全日空を利用し訪日した。この数字は日中間の往来人数の約 25%を占め、両国の経済・貿易・観光交流に大きく貢献し続けている。

恩師・岡崎嘉平太を偲ぶ朱金諾氏

1962 年から 1989 年まで、岡崎嘉平太氏は合計 100 回中国を訪れ、チベット自治区と青海省を除く中国全土を巡った。岡崎氏の訪中には随行する通訳・スタッフが多数居たが、1978 年から 30 回以上にわたりこの役目を担ってきたのが朱金諾氏である。

朱氏は北京外国語大学で日本語を専攻していた際に LT 貿易のことを知り、当時から岡崎氏のことを尊敬していた。

その後、岡崎氏の通訳として間近で仕事をする中で、そのひたむきさと日中友好への強い信念に深く感銘を受けた。岡崎氏は、アジアの大国である中国と日本は、アジアの未来と繁栄のために協力すべきであり、中国と日本は末永い友好的でなければならない、と常に考えていた。明治 30 年生まれの岡崎氏は、中国の古典や歴史にも造詣が深く、中国訪問の際には、よく中国の故事やことわざを引用して挨拶していたことも印象に残っているとのこと。

岡崎氏は日中友好のためにその生涯を捧げた。当時、LT 貿易の覚書は定期的に更新する必要があったが、日本から中国への直行便はなく、香港経由で往復 1 週間ほどかかることがネックだった。また、日本の右翼団体が日中国交正常化に反対し、岡崎氏の自宅に投石や、銃弾で威嚇する者もいたが、それでも身の危険を顧みず、日中関係の発展のために尽力した岡崎氏は偉大なる人物といえるだろう。

脈々と受け継がれる全日空嘉華会ー新たな一章

1997 年 6 月、岡崎氏の訪中通訳として 30 回以上随行した朱金諾氏が全日空に入社した。これは全日空にとって初めての外国人社員採用である。朱氏は全日空入社前まで、中国国際旅行社総社（CITS・JAPAN）日本法人の副社長を務めていた。当時、日系企業から数々のオファーを受ける中、生前岡崎嘉平太氏との約束を果たすため、全日空への入社を決めた。

岡崎嘉平太氏と一緒に中国を訪問する朱氏

　旅行業界における豊富な経験と、中国の政策や市場に精通している朱氏は、長年にわたり経営陣に向けて適切な助言を行ってきた。全日空は中国路線拡大のために、1999年から毎年中国人スタッフを採用するようになった。朱氏は岡崎嘉平太氏の遺志を受け継ぎ、ANAと中国との交流・発展に寄与することを目的に、2004年に当時の大橋社長の賛同を得て、社内で中国人社員会「嘉華会」を発足して、現在会員は63名。彼は代表世話人として、しばしば会社の経営トップを招き、中国に関する勉強会や中国路線の販売に関するアイデアを披露するなど、全日空の経営幹部との繋がりを持つ草の根交流のキーマンとして好評を博している。また、全日空が中国新規路線を就航するたびに、朱氏は日中双方のメディア関係者を招待し、就航都市を取材、相互理解を深めていくことにも貢献している。

　このように中国路線のネックワークの拡大及び中国担当業務に大きく貢献をしたことが評価され、朱氏は2021年3月に「2020東京オリンピック・パラリンピック」の全日空スポンサー代表として推薦され、東京オリンピックの聖火リレーに唯一の中国人として参加した。「全日空の一員として聖火ランナーを務めたことは、大変な名誉です。この一生に一度の貴重な経験は、生涯忘れることができないでしょう。この名誉は私だけではなく、嘉華会を含めたすべての外国人社員へのエールにもなります」と語った。

大同につき小異を残し、
未来を見つめ、温故知新の精神で

　2022年は日中国交正常化50周年を迎えた記念すべき年。岡崎嘉平太氏の生涯日中友好への貢献と偉業をより多くの人に知ってもらうため、朱氏は東京の中国文化センターで「日中国交正常化50周年記念―歴史の記憶を甦る―日中50年民間友好使者回顧展」を企画し、その記念開幕式の場で、主催者代表として日中友好の井戸を掘った岡崎嘉平太氏と中国のエピソードを紹介した。

　朱氏は「50年前に日中両国が国交正常化できたのは、長年民間交流の促進をしたことがきっかけであったのは間違いない。岡崎先生の遺志を受け継ぎ、日中間の人的交流、特に草の根の民間交流を更に促進することは私達の責務であり、今後、初心に戻り、若い世代の交流にもっと力を入れるべきだ」と述べた。

　つまり、昨今の日中関係が楽観視できない現状の中、朱氏は次の3つの視点から日中関係を見直す時期に来ている

群馬県で東京2020オリンピック聖火リレーに参加

のではないかと考えている。

　まず、大同につき小異を残すこと（求大同存小異）。日中両国は、社会制度やイデオロギーが異なり、最近、中国脅威論、台湾問題など論議を呼ぶ問題が残されている。先ずは50年前の日中国交正常化の原点に立ち返り、「日中共同声明」、「日中平和友好条約」などの両国政府の共通認識に基づいて、これらの問題を適切に対応することが一番大事だということだ。

　2つ目は、「未来志向」。日本も中国も過去に囚われ続けていたら前に進むことは難しい。日中関係のより良い発展のため、アジアの繁栄や日中の将来のために、何をすべきかを常に大局の観点で、引っ越しのできない「永遠の隣人」として成熟した日中関係を考えるべきだろう。

　3つ目は、「温故知新」という言葉の通り、過去から学ぶことである。2000年に及ぶ両国の友好往来の歴史や日中国交正常化の物語をより多くの若い世代に知ってもらえるよう努力するべきだ。

　朱氏は「私は来年から第二の人生を迎えるが、岡崎先生の薫陶を受け賜った門下生として、これからも日中の架け橋となり、両国の民間交流促進に微力ながら引き続き、貢献していきたい」と締めくくった。

岡崎嘉平太氏の通訳を務める朱氏

2022年朱氏が企画した「日中50年民間友好使者回顧展」

しゅ　きんだく
朱　金諾

全日本空輸株式会社中国室　常任理事

1977年　北京外国語大学アジア・アフリカ言語学部卒業（日本語専攻）
1977年　中国旅行遊覧事業管理総局勤務
1989年　中国国際旅行社総社日本法人副社長、社長代行
1997年　全日本空輸（株）入社 現在に至る

藤田基彦氏が語る

半世紀以上にわたり築いてきた 藤田観光と中国の交流史

藤田観光株式会社が運営している「箱根ホテル小涌園」と「椿山荘」は日中国交正常化以前から中国からの要人を受け入れていた。当時国交が正常化されていない段階でなぜ中国からの代表団を受け入れることになったのか。なぜ数多くの中国各界代表団が藤田観光の運営するホテルを利用するのか。同社の社友である藤田基彦氏にこれまで中国と築いてきた交流史を紹介して頂いた。

構成 /『和華』編集部　資料・写真提供 / 藤田 基彦

62 年にわたる藤田観光と中国の縁

　藤田観光が運営する代表的な宿泊施設である箱根ホテル小涌園（神奈川県箱根町・1959 年開業）及び椿山荘（東京都文京区・1952 年開業）と中国との出会いは 1961 年まで遡る。当時の日中関係は「長崎国旗事件」（1958 年）をきっかけに冷え込んでいた時期だったが、常連客で作家の城山三郎氏の紹介で、日本中国文化交流協会（当時中島健蔵理事長・1956 年創立）が、4 月 17 日から 2 泊 3 日で中国作家代表団（巴金団長・6 名）を箱根ホテル小涌園に案内したのが始まりだった。

　同年 12 月 7 日、同協会と日本中国友好協会（当時内山完造理事長・1950 年創立）が中国文化代表団（楚図南団長・9 名）を箱根ホテル小涌園に案内し、歓迎宴は椿山荘で開催した。その後、廖承志事務所東京駐在連絡事務所（文京区）主催の「国慶節レセプション」も椿山荘で開催された。箱根ホテル小涌園と椿山荘は日本側受入れ団体の口コミもあり、中国関係団体の利用が拡大した。

　日中国交正常化以前、箱根ホテル小涌園に宿泊した主な代表団は 23 代表団にのぼった。中には 1962 年訪日の中国映画代表団（司徒慧敏団長・椿山荘にて歓迎会）、中国

卓球代表団（栄高棠団長）、1964 年の中国京劇院訪日公演団（張東川団長）、1965 年の中国作家代表団（老舎団長・椿山荘にて歓迎会）等が挙げられる。

　1972 年の日中国交正常化以降、外務省や日中友好各団体をはじめ、中国駐日本国大使館、日中友好旅行社、京都市、奈良市等の友好交流都市自治体からも利用されるようになった。また、1978 年には江蘇省と提携して「日中調理師交流」を始め、調理分野だけでなく、ホテル管理・サービスについての知識やスキルなど、日中双方で学び合った。

　1961 年から現在に至るまでの約 60 年間、箱根小涌園に宿泊した中国各界の代表団の中には、巴金、老舎、趙樸初、夏衍、華君武、侯宝林等、著名人が数多く、そのような彼らの名前や言葉を書き記した芳名録の数は 50 冊にも達した。

　2010 年 5 月、中日友好協会、（公社）日中友好協会、藤田観光の三団体共催により、「藤田観光箱根小涌園中国各界代表団墨宝展～揮毫で見る半世紀にわたる日中友好交流史」が北京「和平宮」で開催された。所蔵の揮毫、芳名録、礼状など数多くの記念品を展示し、来賓には、中日友好協会名誉顧問（当時）である唐家璇閣下、林麗韞女史はじめ中日各界の友好人士 100 名余りが出席した。

開業時のホテル小涌園

1984 年 5 月 20 日、巴金氏の揮毫

1995 年 10 月、北京訪問　　　　1993 年、ホテル小涌園フロント前の藤田氏　1978 年 09 月、初めての中国訪問

「日中友好交流」をライフワークとする藤田氏

　箱根ホテル小涌園で長年中国各界の代表団を接客し、「日中友好交流」をライフワークとする人物がいる。その人は藤田観光社友の藤田基彦氏である。藤田氏は 1969 年に藤田観光に入社し、初勤務地は箱根ホテル小涌園だった。

　ベルボーイ、フロント会計を経験した後、フロントクラークとなり、中国担当を先輩から引き継いだ。当時の藤田氏は中国に関する知識を得るため、エドガー・スノー著『中国の赤い星』、『人民中国』、日中友好団体の機関誌、『China Business Review（美中貿易）』誌等で「新中国」を学ぶ毎日だったと語る。

　藤田氏は、中国の代表団が箱根ホテル小涌園に宿泊する時には、まるで我が家のように感じてもらえるようなおもてなしを常に心がけていた。例えば、中国の音楽と日中両国旗で歓送迎、客室には中国製の蓋付湯飲み茶碗と中国茶（横浜中華街の店から購入）を用意した。夕食前には、訪日団の方々に和服を着付けして集合写真を撮影し、夕食時の箸袋には「熱烈歓迎」と記載し喜ばれた。翌朝には、前日撮影した写真を各自に贈呈し、芳名録に揮毫をしてもらた。当時、写真は貴重品だったが、モノクロ（白黒）はもちろん、カラー写真はまさに贅沢品で、それを贈呈すると非常に喜ばれたという。

　このような経験を通して、藤田氏は中国の魅力に目覚め、「日中友好交流」が自らのライフワークとなった。1978 年から 2014 年まで出張 10 回、プライベート 3 回、合計 13

回中国を訪れた。藤田氏は「中国は私の第二の故郷のように思います。特に江蘇省。中国ではいつも誠心誠意に接待されて、中国人には国境を感じさせない温かい人間性を感じ心が和みます。一言でいうと、帰りの空港で、あぁ面白かったがしんどかった、しかしもう一度来てみたいと毎回思うのが中国旅行です」と当時を懐かしく振り返った。

　また、藤田氏は今後の日中関係の期待を以下のように語り話を締めくくった。「以前から懸案の、また延期となっている日中両国の元首の相互訪問が実現できれば両国の関係が改善するだろう。1970 年、80 年代のように両国が経済や貿易、文化等各分野の友好関係を再構築することを期待したい。また、日中関係は今後、日中米三国関係で見ていかなければならない時代となった。日中米三国の若い留学生がそれぞれの国で学び友人となり、政治家となったときにはお互い良好な外交関係を結ぶことを期待したいと思っています」。

2010 年、「藤田観光箱根小涌園中国各界代表団墨宝展」

ふじた　もとひこ
藤田　基彦

元藤田観光（株）　西日本営業本部長兼中国担当本部長

1946 年神戸市生。1969 年藤田観光入社、箱根ホテル小涌園、新宿ワシントンホテル、フォーシーズンズホテル椿山荘、秋葉原ワシントンホテル、常勤監査役、西日本営業本部長兼中国担当本部長を経て、2015 年藤田観光を退職。現在、（公社）日中友好協会参与、日中協会諮問委員、日本中国文化交流協会会員、日中映画祭実行委員会評議員

写真で振り返る訪日団の思い出 in 箱根ホテル小涌園

文・写真提供 / 藤田 基彦

中国佛教協会訪日友好代表団

筆者（右）と趙樸初会長（左）（1979）

中国佛教協会訪日友好代表団

団長：趙樸初　中国佛教協会会長

団員：12 名

日時：1978 年 4 月 14 日〜 15 日

　中国側は広済寺（北京市）、玄中寺（太原市）、興教寺（西安市）、法浄寺（江蘇省揚州市）、国清寺（浙江省天台山）、玉佛寺（上海市）等各寺の住職たちが来館された。日本側は、82歳の山田恵諦天台座主、比叡山延暦寺小林隆彰、小森秀恵両師等も同行。

　箱根ホテル小涌園でのご夕食は、高僧方に中国料理精進料理を、随行の方には普通の中国料理をと、二つの卓に分かれて提供した。趙樸初先生は興に乗られ中国の詩吟を披露された。食事後に蛯名峻料理長（上写真・真中）に、握手しながら御礼のお言葉頂戴したことは良き思い出だった。その後、趙樸初先生は団長室に戻られ、窓の外の名月を仰ぎ、日本側の高僧方に古代詩の朗読を披露された。

　翌日、ホテル玄関前にて鯉のぼりをバックに記念集合写真を撮ってから出発。後日、記念写真をお送りしたところ、なんと趙樸初先生からお礼状をいただき感激！

鄧穎超団長御一行が新幹線で熱海駅から京都へ

大勢の出迎えに応えた鄧穎超団長

筆者と夏衍団長御一行

当時中日友好協会副会長の夏衍団長

中日友好協会訪日代表団

団長：夏衍　中日友好協会副会長

　　　中国映画協会主席

団員：3 名

日時：1980 年 9 月 28 日〜 30 日（2 泊）

　中日友好協会訪日代表団御一行7名の内ご来館は、夏衍団長、沈寧女史(令嬢)、賈蕙萱女史の3名。夏衍団長(1900〜1995)は浙江省生まれで、日本留学後上海芸術劇社を創立された偉大な劇作家と伺っていた。日中友好協会全国本部の三浦頼子常務理事がご案内された。

　夕食の1回は畳敷きで掘り炬燵式の和食堂にて食事。文革中に片足を悪くなさって、〈義足〉に靴を履いて、松葉杖を使用されていた。畳席に上がるときに、他のお客さまと同じく靴を脱ごうとされたが、私は「そのままでお上がりください」と言って、靴をビニール袋で包み込んで食堂の係と一緒にお席までご案内したことを良く覚えている。映画監督でもある夏衍団長は、箱根を出発後、私のことを随行の三浦頼子氏に「今頃、箱根の俳優さんはどうしているかな」と毎日話されたそうだ。夏衍団長が帰国後に三浦頼子氏からその話を伺って感銘を受けた。

中国北京電業管理局
電網自動化考察団李鵬団長（1979）

李鵬総理御到着

李鵬中華人民共和国
国務院総理御一行

総勢 159 名（中国側 127 名）

日時：1997 年 11 月 13 日〜 14 日

　李鵬元総理が箱根ホテル小涌園にご宿泊されたのは2回。第1回目は、1979年3月、北京電業管理局電網自動化考察団団長としてご来館。私はご夕食会場に御一行を案内した際、日本側から「この方は将来偉くなりますよ」と紹介を受けた。当時は中国側団長の紹介は「この方は将来偉くなりますよ」が常だったが、李鵬団長は後に国務院総理に就任され、本当だったとびっくりした。

　第2回目は1997年。ホテル小涌園に現職の国務院総理のご宿泊は初めてであった。令夫人の朱琳女史と1979年来館時のアルバム写真をご覧になり、当時の頭髪を懐かしんでおられた。育ての親、お母様の鄧穎超副委員長御一行（1979年4月）の揮毫もご覧になった。

北京春秋国際旅行社総経理・楊洋氏に聞く

春秋航空が結ぶ日中の空中回廊、
アフターコロナの新時代に向けた展望

上海春秋国際旅行社（集団）有限公司（以下、春秋国旅）は 1981 年に設立してから、中国国内で
著しい発展を遂げ、子会社の春秋航空が中国初の LCC 航空会社であり、中国民間航空会社の中で最
も搭乗率が高い春秋航空を有する。今回は春秋国旅の子会社である北京春秋旅行社の総経理である
楊洋氏に、春秋航空の理念や日中航空路線の開設、アフターコロナにおける展望を伺った。

文 /『和華』編集部　写真提供 / 北京春秋国際旅行社

春秋航空の飛行機

中国初、旅行会社が立ち上げた航空会社、春秋航空

2005 年 7 月、中国・上海から煙台へ一機の飛行機が飛んだ。
これは中国で初めて旅行会社が設立した航空会社「春秋航
空」の初フライトである。春秋航空は設立当初、わずか 3
機の飛行機、しかも全てリース機体という状況からスター
トしたが、今では中国国内にある民間航空会社の中で最も
搭乗率が高い会社にまで成長した。この春秋航空の親会社
である春秋国旅は 1981 年の創業以来、驚異的なスピード
で成長を遂げ、現在は旅行、航空、ホテル、学校経営、会

議、展示会、ビジネス、プライベート旅行、スポーツイベ
ントなどの企画・手配など幅広い事業を展開している。

　1995 年には、春秋国旅の子会社である北京春秋旅行社
が設立された。現在同社の総経理を務める楊洋氏は旅行業
界に 30 年近く携わってきた専門家である。楊氏は「観光
を紐解くと、旅行者、交通機関、目的地の 3 つの要素があり、
春秋集団は 20 年以上前から団体旅行業務に力を入れ始め、
その後春秋航空の設立により、交通の便は他旅行社と比べ
優勢になった」と述べた。春秋航空の航空券が他社と比べ
て格安な理由について「航空券は蓄積することができない

北京春秋国際旅行社 総経理 楊洋氏

資源なので、チケットが売れず無駄にするよりも、より多くのお客様に搭乗していただいた方が良い」という理念に基づいた行動だと説明し、このような取り組みの結果として搭乗率を高めることに繋がるとのこと。また顧客の経済的負担を減らすため、ビジネスクラスやファーストクラス、機内食や飲み物提供をやめ、無料受託手荷物は 15kg 以内など不要なサービスを廃止した。近年における春秋国旅の新しい取り組みとしては、観光地の建設や開発が挙げられる。中国ではドライブ旅行やアウトドア旅行がブームになっており、これに適した観光地であるキャンプ場の開発は中国国内で高評価を得ている。

春秋航空で結ぶ、日中両国の空中回廊

　2009 年 7 月下旬、春秋航空は国際線を就航した。これは中国本土の民間航空会社として 2 社目の快挙である。最初の国際線就航ルートは上海 - 茨城。茨城県と中国で中国人観光客のリソースが一番豊富な長江デルタ地域を結ぶ経済・観光促進空中回廊が実現した。その後も春秋航空は上海から高松市、佐賀市への定期便を就航、日中間の往来がより促進される形になった。楊洋氏曰く、2015 年、16 年には 50 万人以上の中国人観光客が春秋航空を利用して日本に渡航したという。また、春秋国旅はフライト以外にも、国際クルーズ船（天津発、九州に寄港）を運航し、年間数万人の観光客を日本に運んでいる。日本への観光誘客は、北京春秋旅行社が最も重要視している事業の一つと楊氏は語る。

　もちろん、春秋航空や北京春秋旅行社でも中国を訪れる日本人観光客と触れ合う機会がある。楊氏は、「日本と中国の観光資源は相互補完の関係となっている。中国には日本にない自然景観があり、日本には中国にない素晴らしい人文的な環境や観光リソースがある。最近では比率で言うと中国人の訪日観光客の数が多いが、今後はより多くの日本人に中国を知ってもらいたい」と語る。

　その中で特に日本人に知ってもらいたいポイントを下記 4 点にまとめて説明した。「1 点目は、日中の文化は同じルーツであるため、日本の方々にもより多く中国の歴史や文化を知ってもらいたい。2 点目は、中国は草原、森林、砂漠、山岳、盆地、カルスト地形、熱帯原生林など、さまざまな観光資源を持つ世界でも数少ない国のひとつであり、この中国の独特且つ豊かな自然観光資源を知ってもらいたい。3 点目は、多様且つ特色のある中国料理を楽しんでもらいたい。4 点目は、経済発展が著しい中国を知ってもらいたい。多くの日本人は、中国に対して依然として、貧しい後進国、閉鎖的で原始的などの印象を持っていると感じるため、一人でも多くの日本人に実際に中国へ来てもらいたい。中国に来たらこれまでのイメージが必ずひっくり返ると確信している」

春秋国旅のキャンプ場運営事業が急成長

新型コロナウイルス感染症影響下における
旅行代理店のイノベーション

新型コロナウイルス感染症の流行により、観光業界はかつてないほどのダメージを受けている。中国では 2020 年 1 月からインバウンド、アウトバウンド旅行が制限されたため、北京春秋旅行社は中国国内旅行を中心に、主に北京市内旅行、中国各省への旅行を推進している。

近年、中国ではアウトドアやレジャー旅行がブームとなっており、その中でも特にキャンプがトレンドとなっている。春秋国旅は 2022 年から中国各地でキャンプ場経営を始め、中国国内で最大規模の運営規模を誇る。北京春秋旅行社は、2022 年 6 月に北京市通州区に初の「春野秋夢キャンプ場」をオープンした。同年 10 月の国慶節長期休暇期間中には、同キャンプ場内で家族で楽しめるさまざまなイベントも企画した。このキャンプ場が好評だったので、通州区内で 2 箇所目のキャンプ場もオープンした。このキャンプ場は通州市の繁華街近くにある文化創意園（イノベーションセンター）の屋上にあり、「キャンプをテーマにしたレストラン」という新しいカテゴリーのキャンプ場だ。平日、週末問わず常に多くの利用者が同キャンプ場を利用し、郊外でのキャンプ場よりも売り上げが良いのが現状である。

アフターコロナの新時代に向けた展望

新型コロナウイルス感染症の世界的大流行は、人々の観光に対する認識はもちろん、旅行の形態の変革など、様々な影響を及ぼしている。アフターコロナの中国人海外旅行ニーズについて、楊氏は以下のように予測する。「1 点目は、中国人の海外旅行、特に日本への旅行は、今後も確実に増えていく。2 点目は、中国経済が今後も発展していくことにより、中国人観光客の消費能力も向上する。3 点目は、今後中国人が求める観光はより個性やテーマに特化したものになる。食、親子、医療、温泉、スキー、美容、研修旅行など、さまざまなテーマに特化した観光がブームになっていくだろう」

楊氏は、「2023 年のなるべく早い時期に新型コロナウイルス感染症が終息することを祈るとともに、北京春秋旅行社及び春秋国旅グループ全体の主要路線である日本観光が 1 日でも早く正常な状態に復活し、日中間の観光往来が正常な状態に戻ることを切望している」と語った。またコロナ禍で最も影響を受けた観光業界の早期回復のため、早急に変化の激しい旅行市場に適応し、人材リソースを整理し、サービス品質の向上を図り、アフターコロナの時代に再び再起を果たしていく決意を最後に述べた。

左・右/ 北京市通州区にオープンした「春野秋夢キャンプ場」

よう　よう
楊　洋

北京春秋国際旅行社　総経理

1971 年生まれ、北京出身。1994 年北京聯合大学卒業後、上海春秋旅行社に入社し北京春秋旅行社設立に携わる。2002 年 8 月から北京春秋旅行社の総経理に就任。現在は上海春秋旅行社副総経理、春秋航空、春秋旅遊華北地域総経理、春秋集団外分公司副総経理等も兼任。社外では北京市旅行社協会、ガイド協会の副会長を務める。過去には幾度も北京旅行業界で最高の栄誉である「首都紫金杯」の受賞歴がある。

愛智思北京新日国際旅行社総経理・王文忠氏に聞く

コロナ禍においても
業界を牽引するイノベーションとは

中国の悠久なる歴史や壮大な景色は多くの日本人を魅了する。2002 年、当時日本語の観光ガイド
をしていた王文忠氏は北京で愛智思北京新日国際旅行社を設立し、訪中日本人観光客の受け入れを
始めた。今号では、20 年以上にわたり日中旅行業界をリードしてきた王文忠氏に日中観光に関する
エピソードと見解を語ってもらった。

文 /『和華』編集部　写真提供 / 王 文忠

日本人により安心・安全・快適な
中国旅行を提供するために

　1992 年、王文忠氏は大学の日本語学科を卒業し、ツアー
ガイドとして旅行業界に就職した。それから 10 年後、王
氏は同業界で豊富な経験を積み、人生の転機を迎える。当
時、多くの日本人が中国へ観光しに来た。2002 年彼は北
京の一等地である王府井に愛智思北京新日国際旅行社（以
下、北京新日旅）を設立し、訪中日本人観光客の受け入れ
を担当。それ以来一貫して日本と変わらぬ高水準のサービ
スを提供し、お客様のために安心、安全、そして快適な旅
行体験を実現している。

　王氏によると、2004 年から 2012 年までは日本人観光
客が最も多かった時期であり、毎年約 200 万〜 300 万人
が中国を訪れ、北京新日旅も毎年約 20 万人の観光客を受
け入れていたという。中国で最も日本人観光客が多い都市
は上海、次いで北京、大連、西安、広州の順となっている。
初めて中国を訪れた多くの日本人は「自分の目で見た中国
は、日本のテレビで報道している中国とは全く違っていた。
道路にゴミは落ちていないし、自転車だけでなく高級車も
たくさん走っていた」と驚いていた。また、北京ダック、
上海小籠包、陽澄湖の毛ガニなど、多くの中国料理に感動
していたとのこと。

　中国のインバウンド業界の発展と日本人訪中観光客との
関係について王氏は以下のように見解を述べた。「改革開
放の初期には、中国人はアウトバウンドはおろか、観光が
何であるかも知らなかった。その後、インバウンド業界の

発展や中国人の生活水準が向上したことで、中国国内観光
が徐々に発展していった。中国インバウンド初期の主な観
光客は日本人であり、中国の多くの都市は、日本人の訪中
観光客を目当てにしながらインバウンド業界を発展させて
きた。日本は中国のインバウンド観光の最大の供給源であ
り、中国文化を楽しむ日本人観光客もコロナ前までは着実
に増えてきていた」

2019 年第四回旅行業界訪日交流団

北京新日旅の社員集合写真

人生で一番の思い出
未曾有の 1200 人訪中団受け入れ実現

　北京新日旅は長年に渡り日中観光事業に注力してきた。これまで訪中、訪日問わず、数多くの観光客やクライアントを受け入れてきた。王氏にこれまで受け入れてきた中で一番印象に残っているクライアントを聞くと、「日本の国民的アイドルグループ SMAP の訪中コンサート」と懐かしそうに答えた。

　2011 年、日中韓サミット期間中に当時の温家宝総理と SMAP の会見が実現したことがきっかけとなり、同年 9 月に温総理が SMAP を中国に招聘し、同月 16 日に北京市にある工人体育場でコンサートが行われた。北京新日旅は日本からのコンサート関係者やツアー客などの受け入れに協力した。総勢 1200 人にも及ぶ団体が同時期に北京入りした。この数は中国を訪れる日本人団体としては過去最大規模となっている。これだけの人数を同時に管理しながら、チェックイン、食事、移動、観光などの受け入れ業務を行なった。この未曾有の挑戦に挑むため、100 名以上のスタッフと提携会社から随行した数十人のスタッフと協力し、三日三晩寝ずに業務に取り組んだ。最終的に、北京新日旅はすべての業務を全うし、このコンサートを大成功に収め、日本のジャニーズ事務所と提携会社からも好評を博したという。また今回の未曾有の受け入れを経験したことで、北京新日旅チームの結束力と実行力が大きくスキルアップすることができたと王氏は当時を振り返った。

2019年、第四回旅行業界訪日交流団（懇親会）

新たなビジネスモデルを探求
業界のイノベーションを牽引する

2020 年、新型コロナウイルス感染症の流行後、中国では数多くの旅行会社が営業停止や廃業に追い込まれたが、王氏とスタッフ等の粘り強い努力が実り、北京新日旅は一度も営業停止せず今日まで営業を続けている。王氏は、新型コロナウイルス感染症流行後はインバウンド、アウトバウンド業務が暫くの間復活できないことを予測し、新たなビジネスモデルの変革に挑んだ。

北京新日旅は長年に渡り日本人の訪中観光受入に力を入れてきたが、2012 年以降は政治的な要因等から訪中日本人観光客が年々減少。一方で中国人訪日旅行客は年々増加し、同社も訪日業務を強化した。新型コロナウイルス感染症流行前の 2019 年には、中国人訪日客数は合計で 1000 万人近くに達し、過去最高の数字を記録した。

日本旅行市場が日に日に増大化していく中で、王氏は日本旅行のみに特化したウェブサイトやアプリがないことに気付き、日本旅行ワンストップサービス・アプリ（WeChat ミニプログラム）を開発した。このアプリ上では、日本でのハイヤー、宿泊、食事、入場券などの予約だけでなく、ガイドブックや、ビザ申請、買い物をすることもできる。現在は訪日旅行が全面的に回復していないため、インバウンド、アウトバウンドに関するメニューは非表示にし、代わりに日本製品のネット販売を全面的に推しすすめた。質の良い日本製品はお客様に好評で、売り上げも伸び、現在では約 1100 の日本製品が WeChat のミニプログラム上で販売されている。このように、北京新日旅はコロナ禍においても廃業することなく、大きな収益も上げるなど、旅行会社のイノベーションを牽引している。

「今後は現在の EC 事業を継続すると同時に、会社の事業内容を見直し、この 3 年間の赤字を取り戻せるよう努力する」と述べた。今後の抱負については「まずはこの 10 年間で、これまで関係を築いてきた各業界のリソースを統合し、食、宿泊、旅行、ショッピング、エンターテインメントなどの全産業を網羅した産業チェーンを構築していきたい。

中国と日本は一衣帯水の関係で、地理的・文化的に近い部分が数多くあり、その起源も似ている。中国は多くの世界遺産や観光地があり、日本人にとって非常に魅力的な観光地である。同じく日本も観光資源が多く、中国人にとって親しみやすく人気の観光地である。このような点から、日中間の観光の将来は明るく、私自身も今後更に両国の観光交流に貢献できるよう尽力していく」と王氏は語った。

左・右　2022北京サービス貿易交易会で北京新日旅の商品を展示した

おう　ぶんちゅう
王　文忠

愛智思北京新日国際旅行社　総経理

愛智思北京新日国際旅行社創業者。1992 年からツアーガイドの仕事を始める。2002 年に愛智思北京新日国際旅行社を設立し、日中間の観光に特化した事業を展開。多い時には年間 20 万人以上の日本人観光客の訪中受け入れを実現。2015 年から北京旅行社協会副会長、2016 から北京市ツアーガイド協会副会長を務める。

北京大潮研学国際旅行社有限公司創立者・張信氏に聞く

日中間の修学旅行を通して、
青少年の国際交流と友好を深める

修学旅行は日本の教育業界が行う事業の中で最も特色がある活動の１つである。元小学校教師である張信氏は、40 年前に修学旅行で北京を訪れる日本人学生の受け入れに携わった。それから 10 年後、中国教育業界変革の波に乗って中国修学旅行市場を開拓するために会社を設立し、今や修学旅行業界をリードする存在となっている。張信氏にこれまで日本と関わってきたエピソードや、日中両国の修学旅行への期待について、考えを伺った。

文 /『和華』編集部　写真提供 / 張 信

Q. 修学旅行事業を始めたきっかけは何ですか。

1993 年、当時私が教師になってちょうど 10 年目の節目でした。勤務していた小学校内で、中国全土の小中学生を対象に専門的な課外活動プログラムを提供する学内ベンチャーを立ち上げることになり、私はこれまでの活動実績を評価され、同企業の代表になりました。2000 年には学内から独立することになり、現在の北京大潮研学国際旅行社有限公司を設立しました。主な業務は、学生たちを対象とした中国全土・海外への修学旅行を企画・派遣すること。また中国全土・海外から北京を訪ねる修学旅行団を受け入れることです。

社会に出て 40 年、これまで主に教師として 10 年、そして修学旅行を 30 年運営してきました。この数十年間の間、我々の修学旅行に参加する、または受け入れで対応する人数は年間で数十万人以上に達し、しかも事故や苦情はこれまで一度も起こったことがなく、この点からツアーや受け入れサービスに自信があります。

2016 年、中国教育部を始めとする 11 の部門が、小中学生を対象とした修学旅行の推進について意見を発表しました。中国は古くから「万巻の書を読み、万里の道を行く」という言葉があります。新時代において、修学旅行は道徳教育を確立するために最も重要な手段の一つと考えています。

北京の生徒が太原市の衛星発射基地で見学

福岡教育大学附属小学校との交流

どのようにして家庭、学校、社会を巻き込んだ修学旅行を企画できるのか。同業他社は日々模索し、また多くの問題と対峙しています。私はこれまで培ってきた 40 年間の豊富な教育旅行の経験やノウハウをまとめ、教育部の協力を仰ぎながら、中国教育テレビと共同で全 10 回の修学旅行講座を制作し、テレビやネットで放映しました。これは中国全土の小中学校、または修学旅行関係者に無料で公開しています。これも私が常に抱いている「教育ファースト」の初心から行なったことであり、この講座を通して修学旅行業界の発展に寄与することができたと感じています。

Q. これまでの日本との関わりについてお聞かせください。

1983 年、私が 20 代の頃です。100 年近い歴史を持ち、数多くの著名人を排出している北京の名門小学校「宏廟小学校」で教師をしていました。同校は定期的に海外から団体で訪中する外国人学生の受け入れや交流をする機会がありました。その中で、初めて受け入れた外国人は日本の修学旅行団体で船で、中国を訪れました。当時、中国は改革開放直後で、外国人が中国を訪ねるのは非常に珍しい体験であり、私もこの日本人学生の受け入れに関わらせてもらったのですが、この出来事は今でも忘れたことがありません。

東京中野区の小学校で校長先生と会って、カラーアルバムを見せた

1983年、日本の小学校より贈られたカラーアルバム

彼らは天安門広場に行き、そこで日本人の先生が生徒たちに長安街（天安門広場前を通る道路の名称）を走るトヨタ車の台数を数えさせているのを見かけて感動しました。これは日本の愛国教育なのだと。この出来事は、私が中国人への愛国教育をどのように行なっていくべきか考えるきっかけになりました。また全ての行程を終えて彼らが帰国する際、日本側の校長から1冊のカラーアルバムをプレゼントされました。その中には学校内で開催されている運動会、学芸会、合唱コンクール、四季に特化した課外活動など、様々なイベントの写真がおさめられていました。日本の学校はここまで校内、課外活動が豊富なのかと感化された私は、起業後真っ先に「中国最東西南北の都市を訪ねる修学旅行」を企画しました。

2019年、36年前に宏廟小学校を訪問した日本の学校を探し出した私は、当時頂いたカラーアルバムの原本を持って、東京都中野区の小学校を訪問しました。もちろん当時の先生と会うことは叶いませんでしたが、現職の校長にお会いすることができ、カラーアルバムをお見せしました。校長は、私がこのアルバムを約40年近く保管していたことに驚きを隠せない様子でした。この小学校には数十年前のアルバムなど当時の資料は保管されていなかったので、私はまず中国に戻ってこのアルバムを複製し、東京オリンピックの際に再度日本を訪ね原本を小学校に寄贈すると伝えま

した。また日本の小学生を中国に招待することも約束したのですが、それからまもなく新型コロナウイルス感染症が大流行し、現在もこの約束を果たすことが出来ていません。

Q. アフターコロナでは修学旅行を通して日中間の交流はどのようになっていくとお考えですか。

日中関係は良い時もあれば悪い時もあります。今後両国の往来や交流を促進するためにも、メディアには客観的な報道をしてもらい、より多くの子どもたちに正しい情報を発信してもらいたいです。またアフターコロナの展望ですが、日中間の修学旅行が発展する良い機会が訪れると考えています。 両国には長い間培ってきた優れた学問、研究成果、伝統文化があります。今後日中両国で青少年向けの修学旅行の往来が促進されることで、お互いの優れた部分を伸ばし、改善すべきポイントを補完し合うことができるのはもちろん、何より大事なのは日中青少年間の友情が生まれることです。1日でも早く、日本の学生が再び中国に修学旅行で訪ねてくれることを楽しみにしています。その時、子どもたちにまた長安街で日本車の台数を数えて欲しいです。私も中国の子どもたちをつれて再び日本を訪ねたいと思います。その際には中野区にある学校を訪れ、2019年に交わした校長先生との約束を果たしたいです。

北京大潮研学国際旅行社有限公司　創業者

ちょう　しん
張　信

北京遊学網情報サービス有限公司理事長
北京市旅行社業界協会研究学専門委員会主任
中国教育テレビ研究旅行公開授業番組総企画者、総制作者、総監督
修学旅行事業に専念して30年近く、小中学生の延べ300万人近くにサービスを提供した。北京優秀創業企業家を受賞。

『33 地域の暮らしと文化が丸わかり！中国大陸大全』著者・楊小渓氏

日本人に伝えたい
" イマドキ " 中国旅行の魅力とは

より多くの日本人に中国のリアルを知ってもらいたい。そんな想いから四川省出身のヤンチャンは 2019 年から YouTube チャンネルを開設。2022 年には『33 地域の暮らしと文化が丸わかり！中国大陸大全』を出版するなど、名実ともに日中の架け橋として活躍するヤンチャンに中国旅行の魅力を聞いた。

文 /『和華』編集部　写真提供 / 楊 小渓

Q. 今回の本を出版したいと思われたきっかけを教えてください。

　皆さんご存知の通り、中国は広大な面積を有しているため、地域ごとに生活習慣や食文化、言語が大きく異なります。ただ、私の周りにいる日本人の友人たちには「中国は大きい」というイメージだけが浸透しており、地域ごとの文化の違いや特徴を知る人が少ないように感じていました。そこで「より多くの日本人に中国各地の魅力を知ってもらうことで、より多角的な視点で中国を見てほしい。中国を知ることが中国語の学習モチベーションアップに繋がってほしい。そして最終的には中国旅行に行ってもらいたい」。そのような思いから、私自身が開設している You-Tube チャンネルで中国各省・各自治区出身の友人をゲストに招き「各省 TALK シリーズ」という動画を撮影しました。幸いにも動画の内容が好評だったこともあり、書籍として出版することを企画したのです。2022 年 1 月に書籍出版の企画を立て、同年 9 月に出版することができました。

出版記念サイン会の様子

YouTube で投稿している「各省 TALK シリーズ」の様子

Q. 書籍をつくるにあたり意識したポイント、中国文化や旅行に関して新たな発見などはありましたか？

　日本人の多くが中国の歴史に興味を持っていること、また最近は「ガチ中華」などが流行っていることから、グルメポイントを地域ごとに紹介するように心がけました。その他にも、より読みやすい内容にするため、できる限り口語表現で文章を書き、「あるあるネタ」や「トリビア」なども多く取り入れました。実際に本を手に取ってくれた友人からは非常に読みやすかったと好評を頂いております。Twitter など SNS のコメントでは中国各地をまとめて紹介するような書籍はないので大変役に立ったなど、嬉しい感想を数多く頂きました。もちろん、私自身も全ての省・自治区に行ったことはなく、多くの友人たちに取材を重ねながら書籍の編集をしました。編集作業の過程で今まで知らなかった中国の歴史や地域ごとの特性を知り、改めて中国を旅してみたいという思いが強くなりました。特に最近は仏教に興味があるので、敦煌に行って実際の歴史や壁画などを見てみたいと思いました。

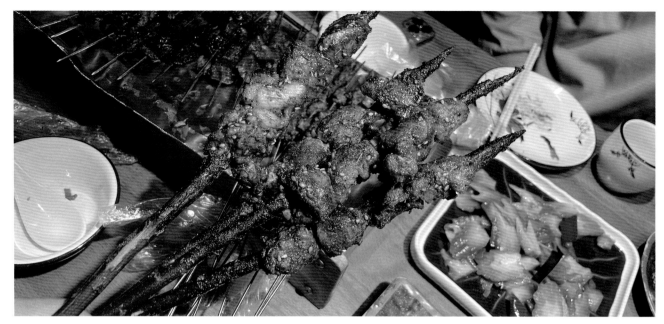

人生で食べた中で一番美味しかった羊肉

Q. 年末年始は中国に帰省されたそうですが、そこではどのような発見やエピソードがありましたか？

奇跡的なことに、今回帰省した時にちょうど敦煌で仕事の案件がありました。一番行きたい場所であった敦煌に赴き、現存する遺跡や壁画を通してシルクロードや仏教往来の歴史を見ることができて感動しました。また、街中で食べる羊肉が全て美味しかったことも感動的でした。特に現地の方に案内してもらって食べたゴビ砂漠産の羊の塩茹で、串焼きは、人生で食べた羊肉の中で一番美味しかったです。こんなに新鮮且つ無臭な羊肉は初めてで、その後四川省に戻って食べた際には今まで美味しいと思っていた羊肉も臭いと思ったくらいでした。

またプライベートの旅行ではチベットにも行き、チベット仏教の寺院見学や現地の方々とも交流することができました。私はチベットの多くの人が中国語のマンダリンを話せると思っていましたが、実際は多くの人が話せませんでした。そのため行く先々で「你会说普通话吗？（あなたは中国語のマンダリンを話せますか？）」と聞いて、話せる人を見つけてはその方に通訳をお願いしていました（笑）。

Q. 中国の生活に何か大きな変化はありましたか？

デジタル技術の普及具合が著しいと感じました。北京、上海、深圳などの大都市では当たり前かもしれませんが、四川省内にある私の地元でもタクシーアプリで配車依頼をしなければ道端でタクシーが捕まらない、数多くの飲食店でも紙のメニューが廃止され QR コードで注文・決済するなど、地元にまでデジタル化の波がきたことを痛感しまし

た。また私の母親も普段 TikTok でショッピングをしたり、祖母もテレビを付けながら TikTok を見ていたりするなど、特に中高年以上の層でスマートフォン依存が進んでいることも新たな発見でした。

Q. アフターコロナに多くの日本人が中国旅行するには、どのようなことが必要だと思いますか？

日本のニュースや SNS を見ると、中国は危険で衛生面も問題があると発言している人が多いイメージがあります。最近は中国も衛生面、特にトイレやマナーの改善に力を入れており、都市部のショッピングモールでは日本と同じくらい綺麗で新しいトイレも導入されています。街中でポイ捨てする人を見る機会も少ないですし、街灯もあり、昔と比べて格段に安心で安全な中国に発展してきていると思います。私がびっくりしたのは、深圳のカフェに行った際、お客さんが机の上に荷物を置きっぱなしでトイレに

敦煌にある世界遺産「莫高窟」

81

念願だったチベット旅行

行っていたことです。一昔前の中国ではあり得ないことです（笑）。このような中国の現実を発信して、少しでも興味を持った人が中国に旅行し、その人たちの発信を拡散していく。このような連鎖を繰り返していくことで、徐々に中国への観光が促進されていくと思います。

　また中国といえば最新のテクノロジーを駆使したエンターテイメントなどを想像し、中国に行った際には是非とも体験したいと思っている方も多いと思います。しかし現状では中国の携帯番号や銀行口座と電子決済などを紐付け

ないと体験できないプログラムが多いのです。中国でこれらの体験をしたい方は、是非とも中国人の友人を作り、その方と一緒に中国へ渡航されることをお勧めします。

Q. ヤンチャンが考える中国のおすすめスポットはどこですか？

　挙げれば数え切れないですが、先ずはもちろん私の出身地である四川省です。パンダ、麻婆豆腐、三国志の蜀など、日本人が思いつく中国のイメージを全て網羅した場所です。

私も日本人の友人を連れて四川省に行ったことがありますが、皆さんとても満足してくれます。また四川省には数多くの少数民族が住んでおり、彼らの村を訪ねる旅行もオススメです。以前上海の友人を連れてチャン族の村を訪ねたこともあります。村の中では昔ながらの伝統衣装や風習を継承している人々が生活しており、観光開発されていない村を訪ねると村長自らもてなしてくれるときもあります。

トレンド面ですが、日本でも数年前から中国の漢服やタピオカ、「ガチ中華」などが流行していますが、中国では最近古代中国の街並みを再現した中国村があちこちで建設されていたり、内装や中身にこだわった最新且つ映える飲食店が増えています。歴史から自然資源、そして最新の写真映えスポットや科学技術など、中国には全ての年齢層の方が楽しめる観光資源が数多く存在していることを多くの日本人に知ってもらいたいですね。

Q. 今後の目標や著書の続編についての可能性をお聞かせください。

コロナ禍では SNS などを通して中国文化や中国語の勉強方法などを中心に発信してきました。今年はコロナが収まって、私のフォロワーになってくれた方々とリアルな場で交流イベントを開催していきたいと思います。また最近は中国語のコーチングに関する新規事業も立ち上げたので、これからはより多くの日本人が中国語を身につけるサポートができればと思います。

今回私が出版したのは、あくまで中国各地域の代表的な情報を載せた、いわゆる入門編の本です。色々な方から続編は無いのかと聞かれますが、詳しい内容を載せ始めたらキリがありません（笑）。今後はアフターコロナで日中間の渡航がし易くなることが期待されるので、今後は動画を通してより多くの省・自治区の魅力を伝えていければと思っています。また機会があればヤンチャンと行く中国ツアーを企画し、よりリアルな中国を皆さんに体験してもらえればと思います。

北京市内で人気の潮州料理店

珠海市の劇場は人気の観光スポット

今回帰省した際に寄った深圳

ヤンチャン
楊 小渓

株式会社妙妙 代表取締役

中国四川省生まれ、上海海洋大学で日本語を専攻し、2011 年に交換留学で来日。一橋大学商学研究科修士号取得。その後、中国越境 EC 会社 bolome 日本支社に入社し、ライブコマース MC・商品 BD を担当。2017 年から日中の SNS 上でインフルエンサーとして活躍し、多数のテレビ番組や CM などにも出演。2019 年 10 月から YouTube チャンネルを開設し、現在登録者数は 18 万人を超えている。

元『地球の歩き方』プロデューサー・高島正人氏に聞く

訪中日本人観光客を増やすための秘訣
旅人のお守り本作成に携ってきた想い

街中の書店の海外旅行コーナーに行けば必ず存在するガイドブック、その中でも一番有名なのは『『地球の歩き方』』と言っても過言ではないだろう。今回は同誌中国編の制作担当を 10 年務められ、まさしく中国旅行のスペシャリストである高島正人氏に、当時中国のエピソードも交えながらエピソード編集作業の裏話を伺った。

文/『和華』編集部　写真提供/高島 正人

Q. 『地球の歩き方』に携わるようになったきっかけを教えてください。

　私は 1997 年に当時あった出版社ダイヤモンド・ビッグ社の東京本社に異動したことがきっかけで、『地球の歩き方』の編集に携わるようになりました。それまでは大阪支社で当時メインだった大学生のための就職情報誌に採用広報を掲載する企業への営業と、同情報誌の制作を担当していました。しかし、バブル崩壊と共に就職氷河期が訪れ、

人材採用部門が縮小したことにより東京に異動。当時シェア率を伸ばしていた海外旅行部門内にある『地球の歩き方』編集室に配属されることになりました。

Q. 『地球の歩き方』編集室ではどのような業務を担当されていましたか。

　ガイドブックの改訂作業を担当しつつ、余力で、旅を主なテーマにしたさまざまな書籍の制作を行っていました。当初はシンガポール、スイス、インド、オーストラリア、

南中国海に面する三亜のビーチでは
日暮れまで波と戯れる人で賑わう

タイなど色々な国を担当し、その後、退職するまでの10年間は主に中国を担当していました。中国編は全編以外にも北京や西安など、地域ごとにも出版しており、中国大陸だけで10種類あります。この全てに版元の社員が毎年出張で現地取材というのは難しいので、日本からの取材は編集プロダクションの編集者と専門の写真家、そして一部のデータチェックを現地協力者にお願いしていました。中国編は1979年に初版を出版しましたが、当時は外国人に開放されている都市が29都市しかなかったそうです。取材班は香港経由で中国大陸に入り、現地の公安などと直接交渉して、許可証を発行してもらいながら未解放都市を訪問し、着実に中国全土の観光ルートを完成していったそうです。そして初版が完成した際は、あまりの興奮から新宿駅で刷りたての本を勝手に無料配布しちゃったんだとか（笑）。一方、ある担当地域を旅して帰ってくると別のエリア担当へ異動になりがちなジンクスのある私ですが、それでも行かないわけにもいかないので、改訂作業のすき間を縫ってプライベートで行くことが多かったですね。FAM（視察）

三亜のビーチで、漁を終えて網を畳む人々。
奥のトラックに積み込んで持ち帰る様子

周荘の夜。水郷古鎮にはぜひ宿泊して夜の姿も楽しみたい

ツアーなど招待旅行のお声がけをいただければ参加させて
いただくこともありました。そこで感じたことは改訂時の
打ち合わせなどに生かしていました。

Q.『地球の歩き方』は何度も改訂を繰り返している のが印象的ですが、どのようなタイミングで改 訂されるのですか。

『地球の歩き方』の創刊当時から話をしますね。当時学
生向けにフリープラン旅行を販売しており、旅行から帰っ
てきた学生たちが旅の感想をはじめとする口コミをフィー
ドバックしていました。その口コミが一定数溜まった段階
でガイドブックとしてまとめてみては、という話になり『地
球の歩き方』が誕生しました。創刊当初は、旅ノートのよ
うなイメージで、マニアックな内容や、再現性があまり無
い情報でも、臨場感を優先して載せることも多かったと聞
きますが、当時海外旅行に行く旅人たちは大らかな人が多
かったらしく、それも旅の醍醐味だと許容されていたとの
ことです（笑）。ただ、時代の推移と共に海外旅行が大衆
化されていき、旅人たちがより正しく安全な情報を必要と
し始めたことや、ツアー旅行の台頭もあって、誌面の内容
もそれらに合わせて変化していきました。またそれ以外に
も、最新の情報を読者に届けたいという考えから、基本は
1年から1年半で1度改訂するようにしています。中国以
外のエリアを含めると全200冊を超えますが、そのなかで
も、なんらかの事情で渡航者がかなり少ない地域は2年か
ら3年での改訂頻度になることもあります。

Q. 高島さんが中国に興味を持ったきっかけを教え てください。

元々バイクの旅が好きだった私は、日本国内はほぼ走っ
たので、友人と次は海外で走ってみようと話をしていまし

た。その際、草原を走ると爽快そうだからモンゴルに行こ
うと考えましたが、当時は現地の観光受入環境が整ってお
らず断念しました。地図を見ていたところモンゴルの下に
「内モンゴル」と書かれた地名を発見。ここなら同じモン
ゴルという地名もあるので草原の上で旅ができるだろう。
それなら渡航前まで中国語を勉強しようと決意し、94年
から通勤時間でNHKラジオの中国語会話を聞きながら勉
強を始めました。当時は『地球の歩き方』の部門に配属さ
れる前だったのですが、旅行ルート策定の際には『地球の
歩き方』を片手に色々調べていたのを思い出します。調べ
ていく中で、中国はガソリン配給制のためバイク旅から自
転車旅に変更、道中に外国人観光客が訪問できない未開放
都市があったため、通行許可の申請方法を準備などしてい
ました。そしていよいよ出発当日、神戸港からフェリー蘇
州号に乗り上海へと旅立ちました。これが私にとって初め
ての中国訪問です。

Q. 初の中国訪問はいかがでしたか。

上海から蘭州経由で内モンゴルの包頭へ向かい、自転車
で省都のフフホトを目指しました。道中は本当に色々なこ
とがありました（笑）。上海のような大都市でも中国語の
標準語が通じなかったり、クレジットカードが使えなかっ
たり、新車を売る自転車屋を見つけられず貸し自転車屋さ
んに売ってくださいと交渉したり、野宿したりと、言い出
したらキリがないです。ただ中国旅行は決して悪い思い出
ではなく、むしろ現在の中国の発展を見ているからこそ、
昔の中国を体験できたことは非常に貴重だったと感じてい
ます。その後中国には累計で20回前後渡航しました。西
部地区は未開拓の地域が多いのですが、それ以外の場所は
大体回りました。直近では2019年に蘇州エリアを周りま
したが、電子決済が出来ないとタクシーが捕まりづらかっ

西安の西にある太白山は富士山とほぼ同じ高さながらロープウェイで頂上まで行ける

周荘の市場にて。路上へ跳ねて逃げ出した鯉がおじさんに再び捕まる絶望の瞬間

厦門で飲食を営むご両親の娘さんは、店の横でぐっすり

買った貸し自転車（飛鴿牌）で走る包頭〜フフホト

たり、支払いできないところが多かったりと、不便に感じることが多くなりましたね。私は中国国内の銀行口座はありませんが、クレジットカードを紐付けて WeChat やアリペイの口座が使えるようになり、チャージ方法は空港などにある「ポケットチャージ」という外貨を使って希望する電子マネーにチャージできる機械を使っています。

Q. 今後日本人の訪中観光客が増えるために必要なことは何でしょうか。

中国といえば広大な自然遺産、歴史的建造物、伝統文化、美食など、昔から様々な魅力的なコンテンツがあります。ただここの旅行コンテンツがあまり刷新されていないイメージがあります。IT やテクノロジーの発展や文化関係の施設など、新たな観光資源が日々誕生している中国なので、その情報を適宜発信して、新たな観光客、特に若者たちに適した観光情報の発信が大事になってきます。また日本人は食の安全にはとりわけ厳しいため、基準を設けてきっちりやっている様子を積極的に発信することも非常に大事になってきます。例えば、段ボール肉まんなど世間を震撼させた食に関する問題は、日本人観光客の訪中意欲に影響を与えました。しかし、今は日本の街中にも本格的な中華料理店が増えてきており、「ガチ中華」なども流行ってきています。アフターコロナに多くの日本人観光客を中国に誘

客するためにも、現地の食事が如何に本場の特色があるか、そして衛生面等の安心安全を発信していくことが肝になると感じます。最後に、旅の醍醐味はやはり現地の人との交流です。現在は翻訳機のレベルも向上しましたし、昔と比べて観光受入に積極的な都市も増えてきたので、リアルな中国人と交流する企画を用意することで、旅の思い出がより深くなり、中国観光のリピーターが増えるのではないでしょうか。

Q.SNS などで観光情報を得る時代、今後も紙のガイドブックは存続していけると思いますか。

昨今の紙媒体は、どこも SNS や電子媒体に取って代わられる現象が顕著ですね。ただ私は『地球の歩き方』のようなガイドブックは必ず残っていくと思います。まずスマートフォンは充電とネットが不可欠ですが、ガイドブックは水中以外で光がある場所であれば、いつでも見ることができます。そしてネット検索する際は基本自分の知りたい観光地の情報のみを知ることが主ですが、ガイドブックは辞書と同じく 1 つのページで様々な情報を知ることができます。意外な情報や旅のウンチクなど、旅をより豊かにしてくれるヒントが結構書いてあったりします。もちろんネットで調べることも大事ですが、海外旅行で何かあった時のためにガイドブックを旅のお守り代わりに 1 冊携帯していくことはこれから先もニーズがあるのではないでしょうか。

たかしま　まさと
高島　正人

元『地球の歩き方』　プロデューサー

1964 年、大阪生まれ。1987 年株式会社ダイヤモンド・ビッグ社大阪支社に入社、1997 年東京本社へ異動、『地球の歩き方』編集室に配属。2020 年 12 月 31 日をもって離職。2023 年 2 月現在、編集や校正、イベント事務局などのお手伝いを地道に重ねつつ、晴れた日には布団を干す快適な生活を実践中。

中国88都市を巡った日本人青年旅行愛好家・小橋智大氏

72日間のバックパッカー
中国一周旅行記

「いつか中国一周の旅をしたい」と思われているあなたへ。現在中国の福建省で日本語教師として働いている小橋智大氏は、留学中の夏休みを使って中国一周の旅に出た。広州からリュック片手に72日間の旅に出た先でどのようなエピソードが起こったのか。当時の話を詳しく伺った。

文 /『和華』編集部　写真提供 / 小橋 智大

Q. 小橋さんがバックパッカー旅行を決意した理由を教えていただけますか。

　私は大学一年生の時、「国際交流がしたい」という思いで、学内で出逢った日中学生交流団体「freebird 関西支部」に加入しました。そこで中国人留学生と仲良くなり、もっとみんなのことが知りたいと思い、2010年に初めて上海に渡航。当時万博を迎えて発展真っ最中の上海に驚いたと共に、現地で交流した中国人学生の日本語力に驚愕しました。自分自身も中国語を身につけたいという思いが強くなり、2012年からは中山大学に留学。留学期間中は中国語学習以外に、もう一つ叶えたい目標がありました。それが中国でのバックパッカー旅行です。当時、中国語が上手な憧れの先輩に感化され、自分もバックパッカー旅行すれば先輩のようになれるかもと思ったことがきっかけです（笑）。

バックパッカー旅行初日の様子。
退寮して退路を断った小橋氏。リュックは広州の百貨店で購入。これから72日間の旅に出るとは夢にも思わず。この後列車に乗り、すぐにホームシックになった

四川省自貢市の市場で見かけた光景。四川人はウサギを食べると聞いていたが、実際見かけた際の印象は衝撃的だった

Q. 当時の旅行ルートを設定した理由を教えてください。

　元々は上海に行き、関西時代に所属していた学生団体のイベントに参加することが目的でした。ただ留学先の授業は6月後半で終わり、翌学期は9月前半に始まるので、どうせなら3ヵ月近くある時間を使って中国一周できそうだと気付き、中間目的地を上海、最終目的地を居住地である広州に設定しました。寮も引き払えば費用も節約できると思い、街中でバックパッカー用のリュックを購入。最低限の生活用品を片手に約70日間のバックパッカー旅を始めました。当時は広州から雲南省香格里拉までのルートは決めていたものの、それ以降のルートはその都度旅先で決めていました。当時はSNSもそこまで便利ではなく、『地球の歩き方・中国編』には大変お世話になりました。

2012年6月26日〜9月5日
バックパッカー旅行ルート

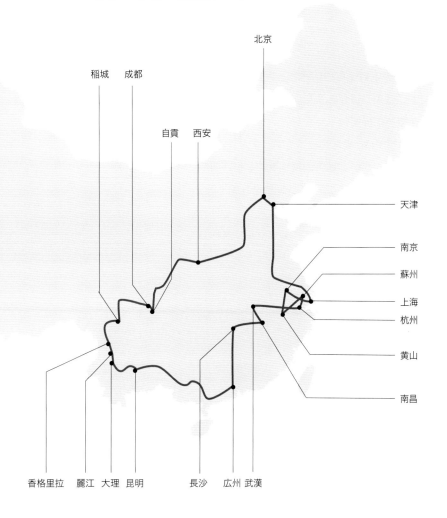

北京

稲城　成都

自貢　西安

天津

南京

蘇州

上海

杭州

黄山

南昌

香格里拉　麗江　大理　昆明　長沙　広州　武漢

訪問した地域合計：

⓫ 省・直轄市
⓰ 市・県

比較的時間に余裕がある旅だったので、列車や長距離バスなどのローカルインフラを活用しました。一つの都市に数日間滞在することもでき、より深いローカル体験ができました。のんびりだけど、充実した72日間の旅。次はいつこのような旅ができるのだろうか……（体力的な問題で）。

雲南のユースホステルで仲良くなった韓国人、中国人と一緒に雲南を旅行した際の写真

日中学生交流団体「freebird」が上海で開催した1週間にわたる日中交流合宿イベントの集合写真。「freebird上海、関東、関西支部」の学生たちが一堂に会した

宿泊先は主にユースホステル。基本的には4人一部屋で知らない人と過ごす。主に旅行目的できている人ばかりで、直ぐに友人になれるのでおすすめ。一緒に観光地を巡れる友人を見つけることもできる

『地球の歩き方』を見ながら次の目的地を決める日々。気になったポイントには手書きでメモをした。最後には身体も雑誌もボロボロになった

Q. 旅行の思い出エピソードを教えてください。

　雲南省で宿泊したユースホステルで出会った中国人、韓国人と友人になり、共に1週間近く雲南省を旅したり、四川省の山で遭難しかけたり、山奥で出会った日本人と、数年後新卒の会社で同期入社になるなど、たくさんのエピソードができました。その中で個人的に一番印象に残っているのは雲南省から四川省へと向かう36時間のバス移動です。道中、道があまりにも険しく、先行していたバスが道路脇に横転していたり、人を乗せた状態での通行が危険な道では、乗客を降ろしてバスが先行し、その後乗客が徒歩で向かい。バスに乗り直すなど、日本ではおそらく体験することができない経験をしました。余談ですが、道中「このまま無事に帰れなかったらどうしよう」とスマートフォンに家族へのメッセージを残したものです。

四川省の山中でバスを乗り直した際の写真

おいしかった食べ物ベスト3

一位：雲南省の米線
広州から昆明まで26時間移動。疲れた身体にもとてもやさしい米線！　雲南省に着いた初日に食べた味が忘れられなくて、何度もリピートしていました

二位：北京ダック（全聚徳）
よく中国語のテキストにも登場する全聚徳。当時、（日本の）大学で中国語を教えてくれた先生がちょうど夏休みに帰省中で、北京で北京ダックをごちそうしてくれました。パリパリの皮と油が香ばしくて最高でした！

三位：大理で食べたお魚
洱海（大理で有名な湖）のまわりをサイクリングした日の昼ごはん。臭みもなく、やわらかい身がスパイスとマッチして絶品でした！

行ってよかった場所ベスト3

一位：雲南 虎跳峡
長江上流の金沙江本流にある渓谷です。断崖に挟まれた絶景はもちろん、激しい水流から聞こえる音の迫力は圧巻です！　トレッキングコースとしてもおすすめの場所です〜

二位：北京 万里の長城
「不到長城非好漢（万里の長城に登らないものは男ではない）」という言葉があるほど、中国に行ったら必ず訪れるべき観光地の1つです。実際に万里の長城から見る光景は絶景です！

三位：江蘇 蘇州古典園林
世界遺産にも登録されている庭園。蘇州市内には170の庭園が点在し、いずれも趣があり、まるで絵画の中に出てくるような素敵な風景を直接鑑賞することができます！

72日間の会計簿　合計13968.2元 =176,570円　※1元12.6409計算

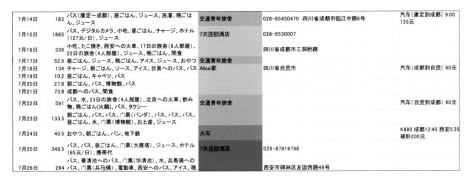

7/14日	183	バス（康定～成都）、昼ごはん、ジュース、洗濯、晩ごはん、ジュース	交通青年旅舎	028-85450470 四川省成都市臨江中路6号	汽車（康定到成都）9:00 135元
7/15日	1885	バス、デジタルカメラ、小吃、昼ごはん、チャージ、ホテル（127元/日）、ジュース	7天連鎖酒店	028-6530007	
7/16日	336	小吃、たこ焼き、西安への火車、17日の旅舎（6人部屋）、22日の旅舎（4人部屋）、ジュース、晩ごはん、間食		四川省成都市三洞桥路	
7/17日	52.5	昼ごはん、ジュース、晩ごはん、アイス、ジュース、おやつ	交通青年旅舎		
7/18日	134	チャージ、朝ごはん、ソース、アイス、自貢へのバス、バス	Alice家	四川省自貢市	汽車（成都到自貢）80元
7/19日	10.2	昼ごはん、キャベツ、バス			
7/20日	27.8	朝ごはん、バス、博物館、バス			
7/21日	73.8	成都へのバス、間食			
7/22日	591	バス、水、23日の旅舎（4人部屋）、北京への火車、飲み物、晩ごはん（火鍋）、バス、タクシー	交通青年旅舎		汽車（自貢到成都）60元
7/23日	133.5	朝ごはん、バス、バス、门票（パンダ）、バス、バス、昼ごはん、水、门票（博物館）、お土産、ジュース			
7/24日	40.5	おやつ、朝ごはん、パン、地下鉄	火車		K880 成都12:40 西安5:35 硬臥200元
7/25日	349.5	バス、バス、昼ごはん、门票（大雁塔）、ジュース、ホテル（65元/日）、携帯代	7天連鎖酒店	029-87816798	
7/26日	294	バス、门票（兵馬俑）、電動車、西安へのバス、アイス、晩		西安市碑林区友誼西路46号	

旅の間はEXCELで会計簿をつけていた

■交通費　■チケット　■宿泊費　■食費　■その他

その他 17%
交通費 30%
食費 18%
宿泊費 24%
チケット 11%

費用を
安く抑える
ポイント

● 移動は極力列車＋バスや地下鉄などの公共交通機関を利用する

● 宿泊先はユースホステルなどの相部屋にする

● 食事も地元ローカル料理など、地元の人と同じものを食べる

● 情報収集を怠らない（騙されないように、だいたいの相場を知っておく）

● ある程度計画的に旅をする（心身の余裕がなくなると、ついお金を使ってしまいがち）

＜旅行後記＞

2012年9月5日、旅を終えて広州に「帰ってきた」ときに、「ああ、こんな僕でも中国で生活できるかもしれない」と思いました。それに広州が「帰ってくる場所」になっていました。この旅で、中国の大きさ・多様性を感じ、そして何よりも中国語を勉強して話すことがもっと楽しくなりました。

旅行にも予算や交通手段など色々な形があります。「みんなちがってみんないい」なんですが、中国の列車旅は地域ごとに車窓が変わるだけでなく、乗客の格好や言葉の訛りまで違ったりしますから本当に興味深いと思います。それに当時は「今しかできないこと」にこだわっていました。30代・40代になった時、ある程度お金はあるけど、2、3ヵ月の休みなんて取れないだろうし、そもそも何十時間も列車やバスで移動しようと思えるのか、と。

色々な人とのつながりも旅の魅力の一つです。この旅行を始めたばかりの時はとにかく寂しかったです。日中関係もあまり良くなく、日本人だとバレることもちょっと怖かったですが、笑顔と「你好」の一言で、「あなたはどこから来てどこへ行くの？」と話はどんどん広がります。そうして出会った旅の友が大学卒業後の同期になったり、成都で知り合った日本人の妹さんが同じ大学の後輩になるなど、おもしろいご縁もいただきました。今回この取材もまた一つのご縁ですし、ここからまた何かつながりが生まれたら、それはまたすてきなことだと思います。今回、10年以上を経て、この72日間の旅行を取り上げていただき、大変感謝しています。

福建省　日本語教師

こばし　ともひろ
小橋　智大

三重県出身、北京語言大学漢語国際教育修士課程修了。湖南省の高校で日本語教師として勤務したのち、現在は福建省で教鞭を執る。趣味は中国旅行と撮影で、これまで中国国内合計88都市を巡り、観光地の写真を投稿し、数多くのコンテストで優勝経験がある。中国版Twitterと言われる微博でフォロワー数3万8000+（アカウント名：小乔是不是美女）

専門指導・舞台出演

TOKYO TAGEN SYMPHONY ORCHESTRA
東京多元交響楽団

随時団員募集

【募集要項、条件】
企業・地域などの管弦楽団経験者
管弦楽学習者

リハーサル会場：東京多元文化会館
東京都港区赤坂6-19-46 TBKビル
アクセス：都営大江戸線・地下鉄日比谷線『六本木』駅 7番出口 徒歩7分
地下鉄千代田線『赤坂』駅 6番出口 徒歩8分

■ 入団費用：合格者はすべて無料です（団費、リハーサル費、出演費）
■ 木管楽器：フルート クラリネット オーボエ バスーン
■ 金管楽器：トランペット ホルン トロンボーン チューバ
■ 弦楽器：バイオリン ビオラ チェロ コントラバス
■ 打楽器：スネア ティンパニ マリンバ
■ その他：ハープ ピアノ
※詳細は下記、お問い合わせ・応募サイト用コードからご確認ください

応募サイト用コード

■ 主催 東京多元文化会館
　　企画 株式会社アジア太平洋観光社
　　運営 東京華楽坊芸術学校

■ 連絡・お問い合わせ：
　電話：03-5715-1063　080-5641-7511
　WeChat: Chinalinear

和華

草の根外交を目指し、
日中「平和」の「華」を咲かそう！

通算 25 年中国駐在の外交官・瀬野清水氏が語る

「年五十而有四十九年非」

日中国交正常化 50 周年事業を振り返って

文・写真提供 / 瀬野 清水

2022 年は日中両国交正常化 50 周年の大きな節目を迎えていたことから、これを記念する講演会やシンポジウム、コンサート、書画展、スピーチコンテストなど様々なイベントが行なわれました。それぞれのイベントでは日中関係を孔子の人生になぞらえて「50 にして天命を知る」という言葉がよく聞かれました。良好な日中関係が両国にとっての「天命」すなわち天から与えられた使命ということでしょう。さすがに 50 年前の日中共同声明に「天命」という言葉はありませんが、前文で「相互に善隣友好関係を発展させることは（中略）、アジアにおける緊張緩和と世界の平和に貢献するものである」と書かれているのが天命に通じると言えないでしょうか。

2022 年の始めは、50 周年が大きな節目であることは知りつつも、これをお祝いしようという雰囲気は残念ながらありませんでした。本来であれば、30 周年や 40 周年といった周年事業はその前年の秋頃から実行委員会が立ち上

9 月 22 日は日中の伝統楽器奏者による共演コンサートがありました。

9 月 24、25 日 東京代々木公園で日中交流フェスティバルが開かれました

がるものでしたが、2022 年は厳しい日中関係を反映してか、日中の双方から、とても諸手を上げで祝賀しようという気にはなれませんという声が聞こえてくるのです。結局、初夏の訪れが感じられる 6 月 1 日になって、経団連を中心に日中両国の交流促進を図るための日中国交正常化 50 周年交流促進実行委員会が発足しました。十倉雅和経団連会長が委員長に、福田康夫元総理と二階俊博自民党元幹事長が最高顧問に、キヤノンの御手洗冨士夫氏と東レ社友の榊原定征氏（いずれも経団連名誉会長）が特別顧問に、日中友好団体の代表らが顧問に就任しました。これを受けて 6 月 14 日、外務省の呼び掛けで日中友好 7 団体他の代表が集まりました。外務省から現下の日中関係と実行委員会との連携の下での 50 周年記念事業の準備状況についての説明があり、7 団体他よりそれぞれの事業予定と実施状況についての現状を共有しました。

ちなみに、過去の周年事業を振り返ってみると、1972 年の 9 月に田中角栄総理が訪中し「日中共同声明」が発表されると、10 月には中国より上野動物園にパンダ 2 頭が贈呈されました。正常化 10 周年では 1982 年 5 月に趙紫陽総理が来日し、同年 9 月に鈴木善幸総理が訪中しています。更に 10 年後の 20 周年では 1992 年 4 月に江沢民総書記が来日し、10 月に天皇皇后両陛下の御訪中がありました。30 周年となる 2002 年は、年間を通して日中双方で「日本年・中国年」と銘打った記念事業を展開し、4 月に小泉純一郎総理が訪中し、9 月に 1 万 3 千人の訪中団が訪中しています。40 周年となる 2012 年は通年で「日中国民交流友好年」と銘打った記念事業を実施した他、5 月に野田佳彦総理が訪中しています。

2022 年は新型コロナ禍の最中で日中両国間での人の往来が制限されたこともあり、過去の周年事業に比べると盛り上がりには欠けましたが、それでも 5 月に日中外相のテレビ会談があり、11 月にはタイのバンコクで 3 年ぶりの対面による日中首脳会談が行なわれました。この間の、国交正常化当日である 9 月 29 日には「日中国交正常化 50 周年記念レセプション」が都内のホテルで開催されました。

これには、林芳正外務大臣、福田康夫元総理、二階俊博衆議院議員、孔鉉佑前中国駐日本国大使館特命全権大使をはじめ各界から約850人が出席し、日中首脳によるメッセージの交換が行なわれました。岸田文雄総理はメッセージで「日中関係はさまざまな可能性とともに、数多くの課題や懸案にも直面している」と指摘。国交正常化を成し遂げた原点を思い直し、共に新たな未来を切り開いていく「建設的かつ安定的な関係構築」をと呼びかけました。一方、習主席は、中日関係の発展を非常に重視していることに言及し「国交正常化50周年を契機に、新しい時代の要求にふさわしい中日関係の構築を岸田首相と共に牽引していきたい」との考えを示しています。

当日の夜は、東京オペラシティに会場を移し、日中国交正常化50周年記念慶典委員会が主催する式典とパフォーマンスが行なわれました。これは、昼の部を主催した日中国交正常化50周年交流促進実行委員会が協力団体に、日中友好7団体他が後援団体に名を連ね、1000人を越す各界の代表が一堂に会し、日本側は羽生結弦さん、川井郁子さん、東儀秀樹さんらが出演して会場に彩りを添えました。昼の部から夜の部まで、午後の時間を利用して東京ガーデンテラスでテーマごとに6つの分科会に分かれて日中茶話会が開かれました。それぞれの会場に100人を越える参加者が集まり、会場ごとに福田康夫元総理、二階俊博衆議院議員他の来賓が挨拶に回っておられ、さながらこの日ばかりは終日国交正常化祝賀デーの趣を呈していました。

私たち日中協会も、主催事業として6月の孔鉉佑前駐日大使による記念講演会と9月の記念シンポジウムを、又、中国や日本の民間団体との共同主催事業として2つの写真展と1つのコンサートを開催しました。これまで他団体の活動を後援することは数多くありましたが、共同で主催するのは初の試みでした。イベントを成功させるという共通の目標に向かって一緒に汗を流し、苦楽を

9月29日の午後の部は6つの分科会に分かれてテーマ毎に討論が行われました。写真はそのうちの「2000年不変の対話、平和共存の模索」をテーマにした分科会。

9月29日昼の部の記念レセプションで挨拶する林外務大臣

共にすることから、いままで見えてこなかったことが見えてくるようになりました。例えば、9月30日に上海大学日本校友会、日本上海同郷会と日中協会が共同で主催した「未来への響き」と題するコンサートでは、先ずプログラムの企画、出演交渉、会場予約、資金調達、チラシとポスターのデザインと印刷、配布、チケットの販売、リハーサル会場の予約と出演者の時間配分、当日の受付、会場の整理役員、舞台設営、照明、音響などなど、書き出せばキリがないほどの雑多な作業がありました。黙々と作業をこなしている中国の皆さんのご苦労を目にして、思わず宮沢賢治の「雨にも負けず、風にも負けず、雪にも夏の暑さにも負けぬ」という詩を思い出しましたが、2022年はそれに「コロナとの闘いにも負けず」が加わりました。外務省によれば、9月29日を中心に、50周年を記念する認定事業は通年で220件を超えたそうです。コロナ禍にこんなにも多くの記念イベントが開催されたことに私達は驚きますが、忘れて

9月29日夜の部で祝賀メッセージを中国語で述べた羽生結弦さんと司会をつとめた二胡演奏家のチャンヒナさん。

100万人を超える在日華僑華人の中でも最大規模を誇る福建省の皆さ1000人余が一堂に会して50周年を祝いました。

ならないことは、この数字の1つ1つの背後に、こじれた日中関係を何とかしたいという人々の熱い思いと、汗と涙の感動のドラマがあるということです。実は私達もそうでしたが、苦労を共にしたからこそ生まれた固い絆もまたイベントの数だけあるに違いありません。

　冒頭の孔子と同時代に生き、孔子も一目置いていたと言われる衛国の賢人に蘧伯玉（きょはくぎょく）がおります。淮南王と称された西漢の劉安がその友人と共同で著わした哲学書『淮南子（えなんじ）』では、蘧伯玉のことを「行年五十にして、四十九年の非を知る」（蘧伯玉年五十，而有四十九年非）と讃えています。これは「知非」として知られ、この後には「六十にして六十化す（行年六十而六十化）」が続きます。当時としては晩年と言える50歳になった時、蘧伯玉はそれまで生きてきた49年間の人生の過ちの多さを知り、失敗が多く後悔することばかりであったことに気づいた。60歳になっても自身の振る舞いを正し続け、60歳に相応しい自分へと変え続けた（化す）というのです。

　孔子の「六十にして耳順（したが）う」と一脈通じるものがあり、60歳というのは、修養を積んで、相手に敬意をはらいながら相手の言葉を素直に受け入れられるようになる年と言います。

　日中関係も10年後には「耳順」の年を迎えます。波乱に満ちた国交正常化後の49年の経験から教訓を学び、50周年の記念事業で培った関係改善のエネルギーを持続発展させながら、来るべき60周年は諸手を挙げて祝賀できる「耳順」の年としたいものです。

元在重慶日本国総領事館　総領事

1949年長崎生まれ。75年外務省に入省後北京、上海、広州、重慶、香港などで勤務、2012年に退職するまで通算25年間中国に駐在した。元在重慶日本国総領事館総領事。現在、（一社）日中協会理事長、アジア・ユーラシア総合研究所客員研究員、成渝日本経済文化交流協会顧問などを務めている。共著に『激動するアジアを往く』、『108人のそれでも私たちが中国に住む理由』などがある。

せ の　　きよみ
瀬野　清水

10月18日、日中協会とアジア太平洋観光社の共催で「永遠の隣人」写真展が開催されました。歴代の元総理と元駐中国日本大使が駆けつけ、永年の貢献を称えた表彰式も行われました。

記念コンサート未来への響きでは子ども達が歌に踊りに大活躍しました。

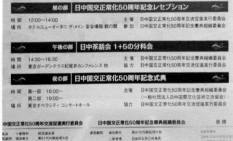

夏休みの期間中は未来からの使者である子供達が主役になって日中青少年の書画展やスピーチコンテストが数多く行われました。

記念事業の中には50年を回顧する写真展も多く、中でも周恩来総理と日中友好をテーマにしたものが多く見られました。写真は福田元総理と若き周恩来を描いた李文培画伯。

日中友好青年大使から見た中国

より多くの青年を巻き込んで
日中交流を推進するために

連　載
第 9 弾

文・写真提供 / 井上 正順

2019年全国青年委員会訪中団　天安門広場にて

　日中両国はこの数年は特に青少年交流を重視しており、新型コロナウイルス流行前には日中大学生 1000 人交流が北京で実現するなど、具体的なアクションが増えてきたように見えたが、その後はご存知の通り新型コロナウイルスの影響で相互往来の交流が難しい日々が続いている。そこで元々存在していたある問題が顕著になった。それは組織の高齢化である。私が所属する日中友好協会を含めた友好団体や、日本国内でボランティアを中心に運営をしている組織は高齢化が顕著であり、どのように活動の若返りを図り、今後の事業を背負って立つ担い手、後継者を探していくか日々模索していると聞く。その後、コロナ禍に入り、オンライン等のツールに対して抵抗感があったり、不慣れだったりすることで、結果として組織全体の活動が停滞し

たり、講演会や発表形式のみの一方的な内容に制限されるケースが多々見受けられた。そんな中、東京都日中友好協会は 2014 年に青年委員会を立ち上げ、コロナ禍前から東京を中心に民間交流や訪中団派遣を行うなど、精力的に活動を続けてきた。コロナ禍に突入した 2020 年の 4 月にはオンラインを活用して日中を繋いだ交流を実践。その後も、オンラインならではの特性を活かし、中国各地の大学で日本語を学ぶ学生と行う言語交流、日中青少年で日中旅行ルートを策定するワークショップ、日中関係の KOL を呼んだ交流イベント、中国企業で働く日本人の生の声を聞く会など、10 代〜 30 代のニーズに適した活動を展開してきた。また普段ニュースで見かけるような内容ではなく、中国エンタメやグルメ情報の発信、青年委員会会員の留学体験や中国

と関連する日常生活などのシェア、主催／共催の交流イベント宣伝やレポート報告など、情報取得から自身が参加者となり日中交流に参加できる総合プラットフォームとしての役割を発信し続けたことにより、青年委員会の会員数はコロナ禍前よりも倍増して100名以上に達した。その中で中国留学や中国語学習未経験者が入会しているのが面白い傾向である。入会理由をヒアリングすると、中国のドラマやアイドルが好きだから、中国好きな仲間が欲しいから、日本で中国と関わる同世代との交流がしたいなど、まさしくSNSで発信してきた内容がハマったと言えるだろう。

また、この結果は、内閣府が発表している外交に関する世論調査結果と一致している。18歳〜29歳の対中感情で親しみを感じる／どちらかというと親しみを感じると答えた割合は、2021年度では41.5%、2022年度は28%と、いずれも世代別で好感度の割合が一番多い結果となっている。(公社)日中友好協会のHPで公開されている日中友好大学生訪中団のアンケート報告によると、参加した大学生たちの訪中後の対中意識が大きく好転している。また印象に残った現地プログラムの中で、現地の大学を訪問し同世代の学生たちと交流するプログラムの評価が高かったこともあり、青年間の交流が対中意識を改善することに大きな影響を与えていると推測する。

上記の点から、中国に実際訪問して交流することが対中感情の改善に繋がることは間違いなく、今後はより多くの方々に訪中（旅行、留学を含め）をしてもらえるよう、より多くの若者たちとの接点を築くこと、裾野を広げる交流が大事だと言える。そのため、今後は日中青少年交流が大事、往来が大事という提言以外にも、「○○をして」日中青少年の交流を促進する、というように、より具体的な提言と施策が必要になってくると強く思う。また、これらの交流を経験した若者たちの熱が冷めないうちに、日中間で活躍できる場を継続的に提供することも必要となってくる。今後の後継者に備えた受入体制をいち早く準備することが必要不可欠だろう。

2.訪中前の中国に対する印象	人数	%
良い	19	19%
普通	51	51%
良くない	30	30%

3.中国に対する印象が変わったか	人数	%
変わった（普通・悪いから良い印象へ）	73	73%
変わった（普通・良いから悪い印象へ）	3	3%
変わらない（良いまま、普通のまま）	22	22%
変わらない（良くないのまま）	1	1%

2018日中友好大学生訪中団第1陣アンケート集計結果(回答100名)
73%が普通／悪いから良い印象へと変化

いのうえ まさゆき
井上 正順

1992年生まれ　北京語言大学漢語国際教育専攻学士・修士号取得。留学中は北京語言大学日本人留学生会代表、日本希望工程国際交流協会顧問等を歴任。2019年に中国でスタートアップを経験。2020年9月に学友と日本で起業。東京都日中友好協会では青年委員会委員長、日中友好青年大使として様々な日中交流活動を企画・運営している。

元NHK名プロデューサー加藤和郎のしらべもの

渋沢栄一の『論語と算盤』

論語と日本人〈後編〉

前号に引き続き、論語がなぜ日本人の心をとらえたのかを渋沢栄一の『論語と算盤』の例を挙げてみます。その論語、江戸時代には庶民も寺子屋で教えられていたそうだけど、私の母は普通の主婦でしたが、近所の子らに声高らかに読む「朗誦」を教えていました。そんな昔話も最後にご披露します。

文・写真提供 / 加藤 和郎

ちくま新書

ビジネスから生き方まで論語は今も生きている

2021年のNHK大河ドラマ『青天を衝け』の主人公であり、2024年には新一万円札の顔にもなる渋沢栄一(1840-1931)は、約500社もの企業を立ち上げ、500以上の社会事業にも携わり、日本の制度や経済システムの基礎を築いたと言われています。

彼はその過程で、「資本主義」や「実業」は自分だけの利益を増やしたいという欲望をエンジンとする面があり、しばしば暴走することで様々な問題を引き起こすことを実感したのでしょうか。彼の講話をまとめた書に『論語と算盤(そろばん)』があり、100年以上たった今もリーダー育成のテキストになっています。

それは、"論語か算盤か"の二者択一ではなく、"論語と算盤"の二つの考え方を並列したことにあります。だからこそ、ビジネス論・組織論・経済論・生き方論として、論語が今も生きているのです。

信用こそが経済と道徳を結び付ける鍵

さて、今でこそ「日本資本主義の父」とも評価される渋沢ですが、若き日は倒幕運動に邁進したかと思えば、のちに江戸幕府最後の将軍となる一橋慶喜の元で仕える。さらに、大蔵省の一員として新しい国作りにかかわったかと思えば、突然辞めて一民間経済人として活動するといった破天荒ぶりだったことから、信念が定まらない首尾一貫しない男とみられることがあったそうです。

しかし、それは「強くて繁栄した日本を作る」という高い志のための手段にすぎなかったと、今では解釈されています。柔軟でしなやかな行動原理を生み出す「高い志」こそ、彼が論語から学び取った要諦(ようてい)に違いありません。

子曰、苟志於仁矣、無惡也。
〜子曰わく、苟(まこと)に、仁に志(こころざ)せば、悪(あ)しきこと無し〜

『論語と算盤』を著すきっかけは何だったのでしょうか。渋沢は、外遊先のロンドンで商工会議所の一員から衝撃的な事実を聞かされます。それは、「日本人は約束を守らない」という言葉でした。明治に入り近代化の波を受けた日本人たちは、目先の利益を追求することに狂奔するあまり、商業道徳が著しく荒廃してしまったのだろうか。このままでは日本は世界から取り残されてしまうと考えた渋沢は、「実業と道徳の一致の必要性」を全国に説いて回ります。この集大成が「論語と算盤」でした。そこには、西欧で目の当たりにした、金融機関や株式会社が「信用」を媒介にして成長しているという事実から学んだ教訓がありました。信用こそが経済と道徳を結び付ける鍵だったのです。

歌川国芳「幼童席書会」弘化（1844〜1847）

母から教えられた論語の朗誦で
"さむらい"になった気に

一般的になじみのある「論語と算盤」ですが、その基盤には日本伝統の教育があるのではないでしょうか。

実は私は戦争中に東京から父の郷里・長野県上田市に疎開し、そこで育ちましたが就学前に母から習ったのは論語の朗誦でした。正座して背筋を伸ばし「師のたまわく（曰く）」と一節を声に出すとき、"いっぱしの男"というより、"さむらい"になった気がしたものです。

日本語はもともと「和声（やまとごえ）」と呼ばれる柔らかで、なだらかな発声ですが、「呉音・唐音（からごえ）」は一語一語のアクセントが強いためでしょう。母が描いてくれた論語の紙芝居を近所の子たちに読んでやるのも心地よく、今にして思えば、自宅が寺子屋のようなものでした。

普通の主婦である母が、僕に論語の一節を暗記させるほど、日本人にとっては論語がしつけ・教育の根っ子にありました。それが、NHK「日本語であそぼ」の童謡「十有五にして学に志す」を聞いて「これだ！」と直感したのです。ところで、母から最初に暗記させられたのは、「勉強は楽しいし、友達は大切なのよ」ということで、最後に母の声を思い出しながら朗誦をしてみます。

「子曰、學而時習之、不亦説乎……」が基本。

学びて時に之（これ）を習ふ。亦説（またよろこ）ばしからずや。

有朋自遠方来、不亦樂乎、

朋（とも）有り、遠方より来たる。亦楽しからずや。

人不知而不慍、不亦君子乎

人知らずして慍（うら）みず、亦君子ならずや

NHK報道局でニュース取材・特別番組の制作、衛星放送局では開局準備と新番組開発に従事。モンゴル国カラコルム大学客員教授（名誉博士）。「ニュースワイド」「ゆく年くる年」などの総合演出。2003年日中国交30周年記念（文化庁支援事業）「能楽と京劇」の一環で北京・世紀劇院での「葵上」公演をプロデュース。名古屋学芸大学造形メディア学部教授を経て、現在はミス日本協会理事、日本の寺子屋副理事長、能楽金春流シテ方桜間会顧問、i-media主宰など。

かとう　かずろう
加藤　和郎

中国万華鏡　第3回

「三国志」古戦場をめぐる

小松 健一

河南省信陽市榮陽県氾水鎮口子村。村を流れる氾水は
北側を流れる黄河に注ぐ。夕照の絶景の場所でもある。
近くには玉門古渡があり、今も渡し場がある。辺りは董
卓・呂布と袁紹、曹操、孫権らの連合軍との激闘があっ
た古戦場 (1991 月 12 月)

河南省新郷市延津県黎陽村。後漢時代は黄河北岸の港町だった。曹操と袁紹が戦った官渡の戦いで袁紹が本陣を構えた地。村祭りに芝居小屋が立っていた（2006 年 10 月）

河南省三門峡市霊宝市函谷関鎮。項羽と劉邦の戦いでも有名な函谷関の城門があった函谷関鎮の村長の家で。近くに 2000 年ぶりに復元された城門が建っている（1993 年 5 月）

河南省鄭州市中牟県官渡鎮。中原の覇を競った官渡の戦いの古戦場。黄河南岸の一帯で現在はニンニクの生産量は全国の 4 分の 1 を誇る（2006 年 10 月）

中国万華鏡　第3回
「三国志」古戦場をめぐる

　「三国志」の舞台、中国大陸へ初めて旅立ったのは1991年の冬。すでに32年の歳月が流れた。この間、幾度となく、どれだけの土地をめぐったことだろうか。車、列車、船、馬などで移動した距離は83、270kmに及んだ。僕は雄大な風土とそこに生きる人々の暮しや表情を通して、人類の歴史と文化、壮大なロマンを描き出したいと、長い旅を続けてきたのである──。

　後漢末期、宦官が専横をふるった朝廷は退廃し乱脈の中にあった。184年、太平道の教祖・張角が信徒を糾合して叛乱を起こした。黄色い布を頭に巻いて蜂起に加わった者40〜50万人。「黄巾の乱」である。狼狽した朝廷は討代のために全国で義兵を募った。そこに曹操、孫堅、劉備、関羽、張飛らがいた。後に三国志の英傑となる若者たちが次々と歴史の舞分に登場してくるのである。

　190年、朝廷の主導権を握り、横暴の限りを尽していた猛将・董卓と呂布を打倒すべく、華北の雄であった袁紹を盟主とした曹操、袁術、孫堅らの連合軍は氾水関で激闘を繰り広げた。その主な舞台である虎牢関は古くからの戦略的要地として争奪の的となった場所だった。今回のグラビア写真は、氾水関の戦いや官渡の戦いなどの古戦場である。魏、呉、濁の三国が並び立ち、覇を競った三国時代は、今から1800年以上前のこと。風雪の歳月は重く、当時をしのぶ建造物や戦跡をうかがうことは難しい。しかし、近くを氾水が流れる虎牢関辺りは、現在でも幾重もの小高い山が両側に対峙して険しい谷をなし天険の要害であったことをうかがわせる。大黄河を見下ろせる呂布城跡の「点将台」に佇むと川風が汗ばんだ体を吹き抜けていった。

　　雨水かなたましひ鎮む古戦場　　風写

こまつ　けんいち
小松　健一

1953年、岡山県生まれ、群馬県に育つ。現代写真研究所研究科卒。新聞記者などを経てフリーの写真家に。世界の厳しい風土の中で自然と共生する民族をライフワークに地球巡礼をしている。また、日本の近現代の文学、作家の原風景を切り口にした日本人の暮しと風土や沖縄、環境問題など社会的テーマを追い続ける。『ヒマラヤ古寺巡礼』で公益社団法人日本写真協会賞年度賞、『雲上の神々─ムスタン・ドルパ』で第2回飯田市藤本四八写真文化賞、『決定版広島・長崎原爆写真集』で日本ジャーナリスト会議第59回JCJ賞など受賞。中国大陸の取村は1991年の冬から始めて27年間。著書に『民族曼荼羅─中國大陸』、『写真紀行 三国志の風景』、『心に残る「三国志」の言葉』などがある。中国四川大学作品収蔵、成都市二西山房美術館などで個展開催。公益社団法人日本写真家協会会員など

第 15 回中国原生態国際写真展日本展が開幕

多彩な貴州

2023 年 2 月 28 日から 3 月 15 日まで、多元文化会館内で「多彩な貴州・第 15 回中国原生態国際
写真展日本展」が開催された。本写真展の主催は中国共産党貴州省委員会宣伝部、中国新聞社、貴州
省文化と観光庁。協力は貴州中国新聞社信息伝播有限公司、株式会社アジア太平洋観光社。

文・写真 /『和華』編集部

　中国原生態国際写真展は 2008 年から貴州省貴陽市で開催されている国際写真展であり、貴州の自然遺産や民俗文化を海外に発信する役割を担ってきた。今回はより多くの日本人に貴州の魅力を伝えるため、特別に日本会場を設けることになり、2 月 28 日に開催された同写真展の開幕式には貴州省と縁のある日中各界の来賓が多元文化会館の特設スタジオに集った。また貴州省貴陽市にも関係者が一堂に会し、両会場をリアルタイムで結んで開幕式が開催された。

　式典では貴州省の魅力が詰まったプロモーションビデオの放映に続き、日本側、中国側来賓代表によるスピーチと写真展開幕宣言が行われた。来賓挨拶では日本人写真家を代表して、過去に貴州大学への留学経験があり、貴州省で行った取材をもとに発刊した『桃源郷の記』の著者であ

る竹田武史氏がスピーチを行い、貴州で過ごした思い出や 2016 年に貴州省現地で参加した中国原生態国際写真展のエピソードを披露、貴州省が自身にとって第二の故郷であるほど思い入れの深い場所であると語った。主催者側代表のスピーチは、中国共産党貴州省委員会宣伝部二級巡視員の楊力氏が行い、貴州省の魅力を自然、民族風土とホスピタリティ、経済発展の 3 つのパートに分けて発信した。

　今回の写真展では「空から見る貴州」、「色とりどりの貴州探し」、「新たな貴州を体験する」、「貴州の四季をめぐる」、「洞窟と境界」の 5 つのテーマから展示作品を選定し、貴州のさまざまな側面を紹介した。　今年は新型コロナウイルス感染症が収束し、貴州省に多くの日本人観光客が訪れることを期待している。

六本木・赤坂で採れた『生はちみつ』はいかがですか?

弊社ではSDGs事業の一環として屋上でミツバチを飼育しています。ミツバチは、はちみつをつくるだけでなく、多くの花を咲かせ、私たちが普段食べている農作物を実らせてくれる素晴らしい昆虫です。ミツバチからの恵みをぜひご堪能ください。

国産蜂蜜の国内
流通量は
わずか6%

100% PURE HONEY

TOKYO BRAND
六本木の生はちみつ
100% Natural pure honey,
made in Japan.
NET 160g

季節のはちみつ(大):2,200円(税込)

TOKYO BRAND
六本木の生はちみつ
100% Natural pure honey,
made in Japan.
NET 50g

季節のはちみつ(小):1,100円(税込)

ミツバチ一匹が一生をかけて集められる
はちみつはティースプーン一杯程度。
ミツバチの命の一滴をあなたに…。

養蜂担当:SDGs事業部
深大寺養蜂園 杉沼えりか

SUSTAINABLE
DEVELOPMENT GOALS

弊社はミツバチを通じてSDGsの達成に向けた取り組みも推進致しております。

ASIA-PACIFIC TOURISM

日 中 Information

1 公益社団法人 日本中国友好協会

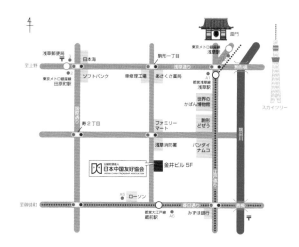

　1950 年に創立。日中関係団体の中でも最も古い歴史を持ち、各地に加盟都道府県協会を有する全国組織。日中共同声明と日中平和友好条約の掲げる精神を遵守し、日本国と中華人民共和国両国民の相互理解と相互信頼を深め、友好関係を増進し、もって日本とアジアおよび世界の平和と発展に寄与することを目的としている。

　中国への訪中団の派遣や中国からの訪日団の受入れをはじめ、『全日本中国語スピーチコンテスト全国大会』、日中両国の友好都市間の交流の推進、中国への公費留学生の派遣、会報『日本と中国』の発行等の事業を行っている。

　全国に都道府県名を冠した日中友好協会（県協会）と市区町村を冠した日中友好協会（地区協会）が 300 あまりの事業・活動を行っている。

🚃 東京メトロ・銀座線「田原町」駅 2・3 番出口　徒歩 7 分
　　都営地下鉄・浅草線「浅草」駅 A1 番出口　徒歩 6 分
　　都営地下鉄・大江戸線「蔵前」駅 A5 番出口　徒歩 5 分

📍 所在地：〒 111-0043　東京都台東区駒形 1-5-6
　　金井ビル 5 階

📞 TEL:03-5811-1521
　　FAX:03-5811-1532

2 一般財団法人 日本中国文化交流協会

　1956 年 3 月 23 日、中島健蔵 (仏文学者)、千田是也 (演出家)、井上靖 (作家)、團伊玖磨 (作曲家) らが中心となり、日中両国間の友好と文化交流を促進するための民間団体として東京で創立された。その活動を通じ、日中国交正常化の実現や日中平和友好条約締結に向けての国民世論の形成に寄与した。創立以来、文化各専門分野の代表団の相互往来を中心に、講演会、舞台公演、映画会、音楽会、文物・美術・書道など各種展覧会、学術討論会の相互開催等の活動を展開している。

　当協会は会員制で、会員は文学、演劇、美術、書道、音楽、舞踊、映画、写真、学術（医学、自然科学、人文社会科学）など文化各界の個人、出版、印刷、報道、宗教、スポーツ、自治体、経済界などの団体・法人を中心とする。月刊誌『日中文化交流』を発行。

※入会ご希望の方は、日中文化交流協会までお問い合わせください。

毛沢東主席は周恩来総理とともに、中島健蔵理事長と会見した―1970 年 10 月 1 日 北京・天安門城楼

📍 所在地：〒 100-0005
　　東京都千代田区丸の内 3-4-1 新国際ビル 936 区

📞 TEL:03-3212-1766（代表）
　　FAX:03-3212-1764

✉ E-mail:nicchu423@nicchubunka1956.jp

🌐 URL:http://www.nicchubunka1956.jp/

イベント情報

③ 日本国際貿易促進協会

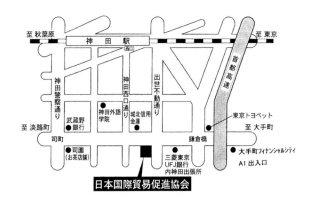

　1954年に東西貿易の促進を目的に設立された。中国との国交正常化（1972年）までの18年間は両国間の経済交流の窓口となり、民間貿易協定の取り決めや経済・貿易代表団の相互派遣、産業見本市、技術交流などの交流活動を展開してきた。

　国交正常化以降は中国の改革開放、市場経済化の推進に協力。対中投資協力では、企業進出、現地調達・交渉等への人的協力、投資セミナーのサポートをしている。中国との取引や対中進出に欠かせない中国企業の信用調査と市場調査を中国企業とタイアップし推進。中国で開催される工作機械展の取り纏めや日本で開催される各種国際展への中国企業の参加に協力。旬刊『国際貿易』紙や中国経済六法等を発行し情報提供を行っている。

🚃 JR「神田駅」西口より徒歩4分
　　地下鉄「大手町駅」A1出入口より徒歩5分
　　地下鉄「淡路町駅」淡路町交差点より徒歩6分

📍 所在地：〒101-0047
　　東京都千代田区内神田2-14-4
　　内神田ビルディング5階

📞 TEL:03-6285-2626（代表電話/総務部）
　　　　03-6285-2627（業務本部・編集部）
　　FAX:03-6285-2940 URL:http://www.japit.or.jp

🌐 北京事務所：北京市建国門外大街19号　国際大厦18-01A室
　　TEL:010-6500-4050

1963年10月1日、天安門楼上で会見。2016年訪中団汪洋副総理会見写真する石橋総裁と毛主席

④ 一般社団法人　日中協会

　1975年9月29日、日中国交正常化3周年の日に「日中問題の国民的合意をつくる」という趣旨のもと、任意団体として「日中協会」が外務省・自民党・経団連を中心に設立された。1981年に社団法人化、2014年に一般社団法人化され、「日本国と中華人民共和国、両国民間の相互理解を深め、もっと両国の友好関係に寄与する」ことを目的として活動している。

　主な活動は日中クラブ講演会、会報の発行、訪中団の派遣、中国帰国者のための協力、中国留学生友の会の活動支援、中国訪日団受け入れ、各種イベントの開催、各地の日中協会との協力など。

向坊隆・第2代会長(右)と鄧小平・党中央軍事委主席（1989年10月）

📍 所在地：〒103-0025
　　東京都中央区日本橋茅場町3-4-3 アンザイビル4階

📞 TEL:03-6661-2001
　　FAX:03-6661-2002

✉ E-mail:jcs@jcs.or.jp

🌐 URL:https://www.jcs.or.jp

野田毅会長、王岐山国家副主席と会談
（2019年8月24日）

日中クラブ講演会（2019年11月）

5 中国文化センター

中国文化センターは、2008年5月に胡錦濤国家主席が訪日した際、中国文化部と日本外務省が締結した「文化センターの設置に関する中華人民共和国政府と日本国政府との間の協定」に基づき設立。2009年12月14日、習近平国家副主席と横路孝弘衆議院議長により除幕式が行われ、正式にオープンした。

日本人が中国の文化を理解するための常設窓口であり、両国間の文化交流を行うためのプラットフォームであり、相互理解と友好協力関係を促進する架け橋として展覧会、公演、講演会、中国と中国文化の教室、映画上映会などを行い、さらに中国に関する書籍、新聞雑誌、テレビ番組やインターネットなどの情報も提供している。

日比谷線「虎ノ門ヒルズ」駅 A2番出口より徒歩2分
銀座線「虎ノ門」駅2番出口より徒歩7分

所在地：〒105-0001
東京都港区虎ノ門 3-5-1　37 森ビル 1F
TEL:03-6402-8168
FAX:03-6402-8169
E-mail:info@ccctok.com
URL:https://www.ccctok.com
開館時間：月曜～金曜　10:30~17:30
休館日：土日祝・展示入替作業日・年末年始

※都合により内容が変更になる場合がございます。最新情報は中国文化センターのホームページをご確認ください。

6 公益財団法人　日中友好会館

日中友好会館は日中民間交流の拠点として、中国人留学生の宿舎「後楽寮」の運営、日中青少年交流、文化交流、中国語教育・日本語教育を行う日中学院など、さまざまな事業を展開している。日中関係の一層の発展に寄与するため、両国間の記念行事や中国要人の歓迎行事などにも積極的な協力を行っている。

「日中友好後楽会」は、(公財)日中友好会館の賛助組織であり、日中友好会館にある「後楽寮」に住む中国人留学生との親睦を深めるさまざまなイベントを開催し、年1回の中国旅行も行っている。
※賛助会員になり、中国留学生と交流しませんか？ご興味がある方は、下記までご連絡ください。

【後楽会事務局】TEL: 03-3811-5305
E-mail: kourakukai@jcfc.or.jp

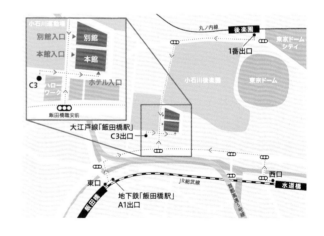

都営大江戸線・「飯田橋」駅 C3 出口より徒歩約1分
JR 総武線、地下鉄東西線・有楽町線・南北線　「飯田橋」駅
A1 出口より徒歩7分
地下鉄丸ノ内線「後楽園」駅より徒歩10分
所在地：東京都文京区後楽 1丁目 5番 3号
TEL :03-3811-5317（代表）
URL:http://www.jcfc.or.jp/
美術館や大ホール、会議室の貸出しも行っています。お気軽にお問い合わせください。

7 ▎清アートスペース / 日中芸術交流協会

清アートスペースは 2017 年 6 月六本木に設立し、2021 年より四ツ谷に新しいスペースを構えて移転した。

企画展、イベントなどを開催し、アートの新たな可能性と地域との繋がりを広める活動をしてきた。アジア現代美術に焦点を絞り、交流事業のコーディネーション、アーカイブ資料の整理や学術的調査研究なども行っている。一方、若手新進アーティストの支援プロジェクトを実施し、グローバル情報発信やアートと社会との繋がりを築くように努めている。

一般社団法人日中芸術交流協会（JCA）は 2018 年に清アートスペースの代表者関藤清氏によって設立された。当協会は芸術や文化的交流を通じて、日本と中国の相互理解を深めることを目的とし、日中芸術の共栄促進を図っている。各国文化・芸術界で文化推進のために活躍している学者や研究者などの集まりの場となっている。

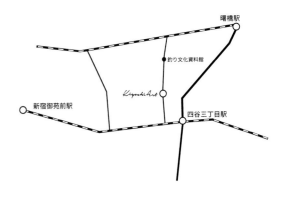

📍 東京都新宿区愛住町 8–16　清ビル
📞 TEL:03-6432-9535
　　FAX:03-6432-9536
✉ E-mail:info@kiyoshi-art.com
🌐 URL: www.kiyoshiart.com
　　開館時間：水曜日 ~ 日曜日　　11:00~19:00
　　休館日：月曜日・火曜日

8 ▎多元文化会館

多元文化会館は、東京六本木にある文化交流のための展示・イベントスペースである。当施設は、1 階常設展スペース、2 階多目的ホール、地下 1 階公演ホール、各階の収容人数が最大 120 人、様々な行事やイベントの開催が可能。日中間交流に関わるイベントに限らず、様々な文化の多元性を伝える展覧会や講演会などにも利用いただける。展示だけでなく販売や飲食も可能な文化拠点として、多くの方が集える場を提供している。

利用目的としては講演会、会議、文化教室、各種展示会、販売会、公演、オークション会、コンサート、懇親会などに使用が可能。

📍 所在地：〒 107-0052
　　東京都港区赤坂 6-19-46　TBK ビル 1-2 階
📞 TEL:03-6228-5659
🌐 URL:https://tagenbunka.com/
　　開館時間：10 時 ~19 時
　　休館日：月曜日、祝日
　　入場料：各イベントによって異なる
　　※予約には利用申込書が必要ですので、詳しくはホームページをご覧ください。

和華

草の根外交を目指し、
日中「平和」の「華」を咲かそう！

　小誌『 和華 』は 2013 年 10 月に創刊された季刊誌です。『和華』の「和」は、「大和」の「和」で、「華」は、「中華」の「華」です。また、「和」は「平和」の「和」でもあり、「華」は、美しい「華」(はな) です。『和華』の名前は、日中間の「和」の「華」を咲かせるという意味が含まれています。その名の通りに、小誌『和華』は、どちらにも偏らず、日中両国を比較 することによって、両国の文化発信、相互理解と友好交流を目指します。

第 36 号（2023.1）

第 28 号（2020.12）

第 29 号（2021.3）

第 30 号（2021.6）

第 31 号（2021.9）

第 32 号（2022.1）

第 33 号（2022.4）

第 34 号（2022.7）

第 35 号（2022.10）

20 号（2018.12）

第 21 号（2019.3）

第 22 号（2019.6）

第 23 号（2019.9）

第 24 号（2019.12）

第 25 号（2020.3）

第 26 号（2020.6）

第 27 号（2020.9）

第 12 号（2016.10）

第 13 号（2017.1）

第 14 号（2017.4）

第 15 号（2017.9）

第 16 号（2017.12）

第 17 号（2018.3）

第 18 号（2018.6）

第 19 号（2018.9）

第 4 号（2014.9）

第 5 号（2014.12）

第 6 号（2015.4）

第 7 号（2015.7 ）

第 8 号（2015.10）

第 9 号（2016.1）

第 10 号（2016.4）

第 11 号（2016.7）

日中文化交流誌『和華』購読方法

書店、電話、メール、購読サイト、QR で注文を承ります。
ご不明な点はお気軽に問い合わせください。
Tel:03-6228-5659　　Fax:03-6228-5994
E-mail: info@visitasia.co.jp

電子書籍も発売中！
https://www.fujisan.co.jp/

※ハガキの切手代はご負担でお願いいたします。
郵便ポストにご投函ください。
購読申込書とアンケートに必要項目をご記入後、切手を貼って、

『和華』購読申込書

バックナンバー購読

『和華』第（　　　　）号
の購読を申し込みます。

新規年間購読

『和華』第（　　　　）号
から年間購読を申し込みます。

受取人名

送り先住所
〒　　－

領収書宛名
（ご希望の場合）

お電話番号
　　　　　　－　　　　　　－

メールアドレス

通信欄（ご連絡事項・ご感想などご自由にお書きください）

『和華』アンケート

第 37 号　特集「中国の絶景」
※該当する項目にチェックをつけてください。

1. 本号の発売、記事内容を何で知りましたか？
□書店で見て　　　　　　□ホームページを見て
□ Facebook で見て　　□他の新聞、雑誌での紹介を見て
□知り合いから勧められて
□定期 / 非定期購読している
□その他

2. 本誌を購読する頻度は？
□定期購読　　　□たまたま購読　　　□今号初めて

3. 今月号をご購入するきっかけとなったのは？
□表紙を見て
□記事をみて（記事のタイトル：　　　　　　　　）

4. 今月号で好きな記事を挙げてください。
□特集（　　　　　　　　　　　　　　　　　）
□特集以外（　　　　　　　　　　　　　　　）

**5. 今月号でつまらなかった記事を
　挙げてください。**
□特集（　　　　　　　　　　　　　　　　　）
□特集以外（　　　　　　　　　　　　　　　）

6. 今後どのような特集を読んでみたいですか？
（　　　　　　　　　　　　　　　　　　　　）

**7. 『和華』に書いてほしい、
　または好きな執筆者を挙げてください。**
（　　　　　　　　　　　　　　　　　　　　）

あなたのバックナンバー1冊抜けていませんか？

お問い合わせ：
株式会社アジア太平洋観光社
〒107-0052 東京都港区赤坂 6-19-46
TBK ビル 3F
TEL：03-6228-5659
FAX：03-6228-5994

郵便はがき

１０７−００５２

切手を
お貼りください

東京都港区赤坂 6-19-46
TBK ビル 3F
アジア太平洋観光社（内）
日中文化交流誌『和華』編集部
購読係　行

お名前（フリガナ）

年齢　　歳（男・女）　ご職業

ご住所

電話番号　　　−　　−

ご購読新聞名・雑誌名

郵便はがき

１０７−００５２

切手を
お貼りください

東京都港区赤坂 6-19-46
TBK ビル 3F
アジア太平洋観光社（内）
日中文化交流誌『和華』編集部
読者アンケート係　行

お名前（フリガナ）

年齢　　歳（男・女）　ご職業

ご住所

電話番号　　　−　　−

ご購読新聞名・雑誌名

混迷の時代を生き抜く智慧

『陶淵明 その詩と人生』

海江田万里

陶淵明
その詩と人生

混迷の時代を生き抜く智慧

田園詩人

にして隠棲の人、陶淵明は昔から日本人に愛され、その美意識にも影響を与えてきた。しかし、実は知られざる一面があったのだ。

著者は現在、第68代の衆議院副議長を務める海江田万里氏。

氏は、これまでも政治における活躍の傍ら、自ら漢詩をつくり、漢詩関連の著書を多数手がけるなど、中国文化に造詣が深いことで知られている。

「陶淵明」という田園詩人を取り上げ、その魅力を存分に研究し、混迷の世の中に生きる智慧としてまとめあげた。

和華 第37号　　　特集　中国の絶景

監　　修	周鋒
	王苗
発 行 人	劉　莉生
和華顧問	高谷　治美
編 集 長	孫　秀蓮
編集デスク	重松　なほ
企画編集	井上　正順
デザイナー	鄭　玄青
編　　集	許　可
校　　正	Woman Press
アシスタント	陳　斯寒
	孟　瑩
	陳　晶
執　　筆	瀬野　清水
	加藤　和郎
	小松　健一
	竹田　武史
ライター	寺島　礼美
題　　字	李　燕生
	（北京大学歴史文化資源研究所
	金石書画研究室主任）
特別感謝	張家界市文化観光広電体育局、
	『中國旅遊』、『視覚中国』、
	李珩、頼宇寧、張力等
表　　紙	張家界市文化観光広電体育局

定価:850円（本体773円）
『和華』第37号 2023年4月19日 初版第一刷発行
発行:株式会社アジア太平洋観光社
住所:〒107-0052
　　　東京都港区赤坂6-19-46 TBKビル3F
Tel:03-6228-5659
Fax:03-6228-5994
E-mail: info@visitasia.co.jp

発売:株式会社星雲社(共同出版社・流通責任出版社)
住所:〒112-0012　東京都文京区水道1-3-30
Tel:03-3868-3275

印刷:株式会社グラフィック
無断転載を禁ず
ISBN978-4-434-31862-7　C0039

写真/CTP